10 récits de la danse classique

Castor Poche
Collection animée par
François Faucher, Hélène Wadowski,
Martine Lang et Cécile Fourquier

Pour Sonia,
Guillaume,
Anaïs,
Et tous les enfants pour qui la danse est à la fois
un art, un jeu et un métier...
A.-M. P.

Je tiens à remercier :
Janine Stanlowa, directrice de l'Institut international
et de l'Institut International J. Stanlowa,
qui m'a ouvert sa bibliothèque spécialisée,
Yvette Bouland-Vinay, fondatrice de Danse et Solidarité,
Cécile Coutin, conservateur à la Bibliothèque nationale,
département des arts du spectacle,
Béatrice Herbout et Natacha Volkova-Dabbadie, chorégraphes,
Iouli Galperine, compositeur,
Philippe Christophe, pianiste,
ainsi que :
Anne-Marie Aulnay, Carolyn Bazzini, Flore Hausseray,
Liliane Méric, Jean-Noël Rochut, Françoise Trocmé-Constant
et mes parents,
pour leur aide affectueuse pendant mon travail de recherche.
A.-M. P.

Une production de l'Atelier du Père Castor

ANNE-MARIE POL

10 récits de la danse classique

Illustrations intérieures de
FRÉDÉRIC SOCHARD

Castor Poche Flammarion

Préface

Depuis la cour des derniers Valois à nos jours, l'histoire de la danse classique est un éblouissant feu d'artifice de danseurs, chorégraphes, musiciens, peintres ou mécènes. Mais il était impossible de les évoquer tous en quelques «contes et récits»!

Il fallait choisir.

Cela a été fait en privilégiant les personnages historiques dont l'influence a été déterminante dans l'évolution de la danse (Louis XIV, Noverre ou Marius Petipa, par exemple) ou bien les danseurs qui, par leur art ou leur tempérament, ont brillé, au fil des siècles, au firmament de cet univers si particulier (Camargo, Taglioni, Pavlova ou Nijinski).

Chaque conte ou récit de ce volume évoque donc un temps fort de l'histoire de la danse, du ballet de cour aux ballets russes de Diaghilev. Aux personnages historiques, se mêlent quelques héros fictifs ; ils sont là pour prendre le lecteur par la main et l'entraîner dans les coulisses…

***

Personnages historiques et artistes invités, par ordre d'entrée en scène :

1. La reine Catherine de Médicis et son fils Henri III
2. Le roi Louis XIV
3. Marie-Anne Cupis de Camargo
4. Noverre
5. Taglioni
6. Carlotta Grisi et Théophile Gautier
7. Le peintre Degas
8. Marius Petipa, Tchaïkovski et Pavlova
9. Nijinski
10. Serge Lifar

et – grand jeté de 1923 à 1961 – Rudolf Noureïev.

1. Bal chez la reine
Bianca et le danseur masqué

1580

« Tandis que vous dansez et ballez à votre aise,
Et masquez votre face ainsi que votre cœur,
Passionné d'amour, je me plains en
langueur... »

Les Amours, *« Sonnets pour Hélène »,*
Pierre de Ronsard (1524-1585)*

* Les mots suivis d'un astérisque renvoient au glossaire en fin d'ouvrage.

Dans nos livres d'Histoire, l'image de Catherine de Médicis est plutôt sinistre. Dans ses voiles noirs, elle reste l'instigatrice du massacre de la Saint-Barthélemy et la déplorable conseillère de ses trois fils qui furent successivement rois de France : François II, Charles IX et Henri III. On oublie qu'elle fut aussi cette « Duchessina » florentine qui, en épousant à Marseille le 28 octobre 1533 le fils de François Ier, le futur Henri II, apporta à la Cour un divertissement fastueux : le ballet de cour né en Italie. À l'époque, un véritable gentilhomme devait savoir aussi bien danser que se battre en duel. Ces deux tendances dépeignent bien le monde d'alors : raffinement et violence. Il s'y glissait aussi un goût certain pour la sorcellerie…

***

Pendant l'été 1580, un mystère intrigua la cour de France.

Qui était le danseur masqué ?

Il était apparu dans un ballet dansé par les courtisans, dans le costume du chevalier d'Espinousse. Mais était-ce bien lui ? Personne n'en eut la certitude. Blessé dans un duel, ce gentilhomme aurait-il pu se mouvoir avec autant de prestesse ? C'était difficile à croire. Vêtu d'un pourpoint d'or, le visage caché par un loup noir, le danseur avait fait merveille. Sa grâce, sa légèreté, la précision de ses tours piquèrent toutes les curiosités.

Et chacun attendait l'instant où, un genou ployé devant leurs majestés – la reine mère Catherine, le roi Henri III et son épouse la reine Louise –, il se démasquerait enfin. Mais, après le ballet, on le chercha en vain…

Le danseur masqué avait disparu.

Le lendemain, on apprit que le chevalier d'Espinousse était reparti pour son château des Pyrénées en emmenant – dit-on – une brunette en croupe. Quelques jours, les langues allèrent bon train. Puis, on oublia cette énigme.

Une histoire très simple, à vrai dire.

Une histoire d'amour.

***

Bianca le guette, l'épie, le surveille.

Elle sait tout de lui.

Il a seize ans – deux de plus qu'elle – et, monté sur une méchante haridelle*, il est venu de sa province pour réussir à la Cour. Depuis qu'il a pris pension dans la maison d'à côté (chez une veuve sans âge, engoncée dans des vêtements noirs), la vie de Bianca a changé. Elle a un but, maintenant : elle observe le chevalier d'Espinousse. Quand elle ne peut pas, elle pense à lui…

Et ça grogne chez maître Guillaume, le drapier, son patron. « Bianca, le lait s'est échappé… Tu as oublié cette tache, sotte… Quoi ? Encore un pichet de cassé !… Mais où as-tu la tête, Bianca ? »

Avec lui… pourrait-elle répondre.

Mais elle ne dit rien. Si on savait, tout le monde se moquerait d'elle ! Elle déraisonne, la pauvre Bianca ! Un monde la sépare du gentilhomme. Venue d'une famille d'émigrés italiens, elle est servante, lui, noble. Et tout est dit. Sait-il seulement qu'elle existe ? Non ! Elle ne l'espère même pas. Elle se contente de le regarder. Et de savoir qu'il est là. Blond, radieux, éblouissant, le chevalier d'Espinousse a fait fuir le Seigneur noir…

Pourtant…

11

Il est revenu cette nuit.

Enveloppé dans sa longue cape, il s'est glissé dans la soupente.

Bianca se réveille en sursaut. Il ne fait aucun bruit, mais elle sait qu'il est là. Le clair de lune découpe son ombre contre le papier huilé de la lucarne. Il chuchote :

— Bianca…

Elle ne répond pas. Elle se recroqueville sur la paillasse entre Margot et Lisette qui dorment à poings fermés. Elles n'ont rien entendu, comme d'habitude.

— Tu m'écoutes, Bianca ?

Il susurre :

— Si tu voulais… Tu pourrais danser, Bianca… Tu pourrais danser comme à la Cour…

Ainsi qu'on ouvre un coffret à bijoux pour en sortir les trésors et les voir scintiller, il égrène :

— Tu danserais la chaconne*, la passacaille*, la gaillarde*, la volte*… ou la pavane*.

Et ces mots scintillent, en effet, pour Bianca.

Comment a-t-il deviné son rêve ? Elle n'en

a parlé à personne. Il a dû la surprendre quand elle s'essaye, seule, à quelques pas…

— Danser, Bianca… répète-t-il.

Elle répond enfin, avec effort :

— La danse est réservée aux grands seigneurs ou aux grandes dames.

Il rit tout bas. Dans les fentes de son loup noir, ses yeux brillent, phosphorescents.

— Je pourrais faire de toi une grande dame, si tu voulais.

— Non… non… NON !

On la secoue.

— Arrête de crier !

— Toi et tes cauchemars !

Ses deux compagnes grommellent, puis le silence retombe. Bianca n'ose plus regarder du côté de la lucarne.

Mais IL est parti.

***

Elle se réveille très tôt.

Un peu de jour se faufile dans la soupente. La chanson d'un batelier l'accompagne. La Seine est tout près. Sur la rive, un chien aboie. Margot et Lisette dorment encore, bouche ouverte, bonnet de travers, chemise remontée. Bianca se lève sur la pointe des pieds. Un hâtif signe de croix et, à tâtons, elle passe son « corps de jupe » en laine rouge, son jupon, son cotillon* par-dessus, met ses chaussons de toile noire. Puis, elle démêle ses cheveux bruns avec un peigne en os, les tord en tresses ; ils sont si épais qu'ils lui échappent, s'envolent en frisons. Elle les enfouit sous sa coiffe, quand – surgi d'on ne sait où – le chat vient se frotter contre ses mollets nus.

Toute la peau de Bianca se hérisse.

Éclairant sa tête noire, les yeux du chat brillent, phosphorescents…

***

À la cuisine, elle est la première.

Accroupie devant la cheminée, elle tisonne les braises pour les réveiller. Maître Guillaume a bon appétit. Dès le matin, il lui faut un plat chaud, bouillie de seigle ou omelette. Bianca va se hâter de le préparer mais avant, sa cruche sur la hanche, elle sort chercher de l'eau à la fontaine, dans la rue encore vide à cette heure-ci. Seul, un jeune homme attend, assis sur une borne devant la maison où loge le chevalier. Calfeutré dans une cape, il a son chapeau rabattu sur les yeux.

Le cœur de Bianca pince.

Ce garçon… qu'est-ce que ça veut dire ?

Un coup d'œil à la maison : ses fenêtres de bois sont closes. Sauf une. Celle du chevalier d'Espinousse. Est-ce lui que l'homme attend ? En se dirigeant vers la fontaine, au coin, elle se retourne à chaque pas…

Il sort, en effet. Il se glisse hors de l'étroite porte d'entrée. En culottes rouges, le cou serré dans une fraise blanche, le chevalier est très pâle. D'un revers de main, il fait voltiger sa cape sur son pourpoint brun, mais elle a le temps de voir qu'il porte épée et poignard à large coquille…

Bianca retient un cri.

Ces armes-là…

Point besoin d'être née noble pour savoir ce qu'elles signifient : le chevalier va se battre en duel ! L'autre s'est levé et, après un échange de saluts, chapeau bas, ils s'étreignent avec chaleur, comme il convient entre un duelliste et son « second ». Car ce garçon va l'accompagner sur le pré, assister à la rencontre et, s'il leur chante, se battre avec le second de l'antagoniste…

Bref, ils vont tous s'étriper joyeusement.

Tout à coup, Bianca a très froid. On va tuer le chevalier. Elle le sait. Tous les jours, de jeunes et beaux cavaliers meurent à Paris, pour des broutilles qui ont offensé leur honneur et qu'ils ont voulu venger. Tous les jours, le sang coule ; et si les duellistes portent des culottes rouges*, c'est afin qu'on n'en voie pas les traces.

Le cœur lourd, elle regarde s'éloigner les deux jeunes gens. Elle entend la voix vibrante du chevalier d'Espinousse :

— M'appeler va-nu-pieds… Je lui rentrerai ces mots dans la gorge, ventre de loup !

« Risquer sa vie pour ça, pense-t-elle, une injure idiote… »

Les hommes placent leur « point d'honneur » n'importe où, vraiment ! Elle voudrait appeler, supplier… mais qui est-elle, pour se le permettre ? Personne. Il ne l'a jamais regardée… ou si peu ! Il ne la regardera jamais. À la Cour, il fraie* avec de trop belles dames. Mais aucune n'est ici, ce matin, pour l'implorer de ne pas se battre !

Oubliant sa cruche sous le glouglou de la fontaine, elle s'élance derrière eux. Ils marchent vite. À travers les ruelles, ils se dirigent en direction de la Seine. Arrivés là, ils descendent sur la grève, montent dans une barque ; le passeur* empoigne les rames. Ils vont traverser le fleuve.

Les jambes molles, Bianca s'arrête. Elle ne s'est pas trompée : le chevalier d'Espinousse se rend bien au Pré-aux-Clercs, sur la rive gauche. C'est là que les duellistes en décousent.

Elle ne peut plus rien faire.

L'embarcation fend déjà l'eau…

Les yeux pleins de larmes, Bianca rebrousse chemin.

***

Quelquefois, ce qu'on vit pour de bon paraît un affreux rêve.

Il va mourir. Elle avait raison. Elle se déteste d'avoir eu raison. Grand pantin ensanglanté, on l'a ramené, jeté sur le dos d'un bidet*. Elle a tout vu. Et elle s'est mise à pleurer comme une folle.

Le sauver… mais comment ?

Elle se ferait couper en morceaux pour le sauver. Mais, tournant en rond dans la cuisine, elle ne sait que faire. Un frôlement du chat lui donne un haut-le-corps.

— Va-t'en… dit-elle tout bas.

Il ne bouge pas. Il miaule en la regardant, les yeux phosphorescents. Et, comme si elle avait reçu un ordre, Bianca sort…

Elle va chez… lui.

***

Le pourpoint dégrafé, ouvert sur la charpie* rougeâtre dont on a bourré sa blessure, il est couché sur un grand lit. Le sang séché strie de noir ses culottes rouges. Ses cheveux blonds sont poissés de sueur. Il remue la tête en bredouillant des mots incompréhensibles.

Elle s'approche sur la pointe des pieds. Dans son dos, la veuve marmonne :

— Y a plus rien à faire.

Mais Bianca ne l'écoute pas. Elle s'agenouille près du chevalier, lui prend la main, la pose contre sa joue. Et il ouvre les yeux.

Trop loin de tout, déjà, pour s'étonner de sa présence, il balbutie :

— Le bal… de… la reine… Je dois aller… au bal… de la reine…

La veuve soupire :

— Il délire… le bal de la reine, quelle lubie !

— C'était peut-être important pour lui… murmure Bianca.

— Je crois bien ! Il ne parlait que de ça, il avait un rôle important dans un ballet de cour, ce soir… Pauvre cadet* sans le sou ! Il pensait ainsi sortir du lot, se faire remarquer du roi… et voilà !

Le moribond essaie de se redresser.

— Danser…

Il retombe sur sa couche, la respiration coupée.

— Moi, je ne peux pas voir ça, gémit la veuve qui décampe en se mouchant dans son tablier.

Toute raidie, Bianca regarde le chevalier. Elle l'aime. De toutes ses forces. Même si c'est pour rien. Elle l'aime. Et ce qu'elle a toujours refusé, elle va l'accepter pour lui. Se penchant vers son visage brûlant :

— Chevalier, souffle-t-elle. Je peux danser à votre place. Personne ne le saura. Et après…

Les larmes l'étranglent.

Pourquoi parler d'après ? Il n'y aura pas d'après. Mais il faut le consoler. Une joie inattendue illumine le chevalier.

— Va… halète-t-il. Vas-y… Bianca.

Saisie – « Il me connaît donc ? » — elle tressaille quand il ajoute péniblement, en désignant un gros coffre :

— Là… Le costume… le masque…

***

Les habits cachés sous son jupon, Bianca remonte dans sa mansarde. Elle cache l'habit de cour sous la paillasse ; maintenant, elle attend le soir…

Comment s'y prendre, le moment venu ?

Elle ne sait pas.

Mais quelqu'un le sait pour elle.

***

Chez maître Guillaume, dans sa chambre à coucher, le plus bel objet est un miroir qui vient d'Italie. Il faut être riche pour s'en offrir un. Lorsqu'elle fait le ménage, Bianca y jette parfois un coup d'œil mais, pleine d'effroi, elle détourne vite la tête. Elle n'aime pas se voir au fond de cette eau figée, prisonnière d'un cadre de fleurs d'or. Elle ne se reconnaît pas.

Cette fois, elle se regarde en face, malgré le reflet du chat accroupi dans le miroir. Elle n'a plus peur de rien. Sans crainte d'être surprise et châtiée, elle a enfilé le costume du chevalier d'Espinousse. Elle a l'impression qu'il la protège comme une armure.

— Bianca…

Elle ne tressaille même pas. Elle sait qu'IL est là. Elle l'attendait. Son ombre apparaît dans la glace.

— Ainsi tu t'es décidée ?

— Oui, Seigneur noir.

— Tu veux danser à la Cour, au bal de la reine, c'est bien cela… et quel qu'en soit le prix ?

Elle comprend ses mots mystérieux ; elle incline la tête. Il rit tout bas.

— Mais à minuit, je viendrai te chercher, Bianca.

— Je sais.

— Tu me suivras ?

Il y a un silence. Puis elle dit oui.

— À une condition, Seigneur noir. Avant, je veux dire adieu au chevalier d'Espinousse.

Il rit encore.

— M'imposer une condition… à moi ? Tu es bien hardie, petite !

— On est toujours hardi quand on a tout perdu.

Il y a un long, très long silence… puis, le Seigneur noir dit :

— Soit.

Et tout se brouille, dans le miroir.

***

Dans la lumière mouvante des chandelles fichées aux bobèches* des lustres, toute la Cour s'entasse dans l'antichambre de la reine et, suivant son rang, on s'assied sur des tabourets, ou on reste debout dans un frou-frou de brocard froissé.

Des parfums entêtants s'échappent des sachets de senteur attachés sous les jupes en corolle des dames qui, « buscs* » très serrés, manches énormes, hauts collets empesés, ont quelque chose des roses chantées par

Ronsard… ou des abeilles qui les butinent ! Dans leurs cheveux relevés, des cascades de perles qu'on retrouve aux oreilles des seigneurs qui portent fraises, cheveux ras et moustaches effrontées. Certains – à la dernière mode – exhibent sur la poitrine une montre attachée à une chaîne d'or.

Parmi le bourdonnement incessant des conversations, sonnent quelques accords des musiciens installés dans un angle, la viole entre les genoux, la flûte aux lèvres ou la mandoline dans les bras. Ce soir, ils sont peu nombreux, c'est un ballet sans trop de façons. On n'a même pas dressé de dais pour leurs Majestés qui se contentent de siéger sur des fauteuils, à un bout de la salle. Étrange oiseau noir, la reine mère Catherine de Médicis trône près de son fils Henri III, le préféré et le seul qu'il lui reste, dernier à régner après ses frères François II et Charles IX. Il tient par la main son épouse, la reine Louise, une pâle poupée blonde ; on raconte qu'il s'amuse à la farder et à la parer…

Il se penche vers elle.

— Souriez, ma mie, dit-il. Messer Balthazar de Beaujoyeulx* nous a préparé un joli divertissement.

— Il en a l'art, mon cher seigneur.

La reine mère intervient :

— Bien entendu, ma fille ! Vous savez comme moi que seuls les Italiens ont talent et science pour trousser des ballets.

Le roi se tourne vers elle.

— Certes, ma mère. Et nous vous serons toujours reconnaissants d'avoir apporté la danse en France, lorsque vous y vîntes pour épouser feu le roi, mon père.

Sur ces mots, il lui baise la main ; Catherine de Médicis sourit.

— J'en suis fort aise. Maintenant, la danse de cour n'a plus de secrets pour les seigneurs, dit-elle, ils y excellent… autant qu'à la chasse ou à la guerre !

La reine Louise murmure :

— Et les grandes dames sont devenues bien gracieuses « baladines… »

Ni son époux, ni sa belle-mère ne l'écoutent. Alors, elle rêve de son grand projet : faire danser un ballet – un jour ou l'autre – un ballet qu'elle aura inspiré… on l'appellera le «Ballet comique de la reine» . Elle le commandera à Balthazar de Beaujoyeulx, on le dansera dans la grande salle du Petit-Bourbon… et tout le monde s'esbaudira devant tant de beauté !

Mais la musique jaillit, aigrelette.

Foin des rêves, place au ballet !

***

Les gentilshommes et les dames forment une figure géométrique. Une figure qui bouge en cadence. Elle ressemble, à « L'escadron de la grue évitant la froidure[1]. »

Ils tournent avec grâce, glissent, se croisent, se mêlent, bras arrondis ou main sur la hanche, et, parfois, les courtisans bondissent en croisant vivement les pieds, les pointes de leurs souliers bien tendues, battant l'*entrecciato* à l'italienne, à moins qu'ils ne fassent tourbillonner leurs cavalières en cette volte qui vient de Provence. Les spectateurs trouvent cela agréable à l'œil, mais pas très nouveau.

1. Ronsard, *Les Amours,* « Sonnets pour Hélène », II, 49.

Lorsque apparaît le danseur masqué.

Étincelle d'or, il met soudain le feu aux poudres. Il bondit, tourne comme une toupie, virevolte, cabriole ; son costume de lumière rayonne comme un soleil. Mais son masque noir semble un morceau de nuit. Un béguin emplumé de rouge lui cache la tête.

Et sa joie se propage ainsi qu'un feu de forêt. Tout le monde a envie de danser. Les mots courent aussi, de l'un à l'autre, à toute vitesse :

— C'est un lutin…

— Un feu follet…

— Ou un baladin de profession.

— Que nenni ! C'est une fée…

Henri III se penche vers un courtisan.

— Qui est ce danseur de talent ?

— Le chevalier d'Espinousse… quoique…

— Nous le récompenserons.

Bianca danse, danse, pour le chevalier d'Espinousse. Elle voudrait danser jusqu'à mourir, jusqu'à tomber… et tout oublier ! Mais elle ne peut pas. Le temps court. Aussi vite qu'elle danse. Il va la rattraper.

Il la rattrape.

C'est minuit.

Et le danseur masqué disparaît.

***

Une lampe à huile les éclaire.

Il gît toujours sur le lit. Arrachant sa coiffure et son masque, Bianca s'incline vers le chevalier d'Espinousse et les plis de sa mante brune s'ouvrent sur son costume d'or.

— Il n'est pas mort…

Le cœur cognant d'une joie insensée, elle lui prend la main. Elle oublie qu'immobile derrière elle, le Seigneur noir l'attend. Le blessé entrouvre les paupières.

— Bianca…

Ses doigts se nouent aux siens. Dans l'ombre, le Seigneur noir parle, mais elle est la seule à l'entendre :

— Viens, Bianca.

Elle ne répond pas. Elle regarde le chevalier d'Espinousse à s'en brûler les yeux. Elle a rempli sa mission. Elle a dansé pour lui. Son rôle est fini. Elle devrait s'en aller, maintenant.

— Viens, Bianca.

Elle ne peut pas.

Le cœur du moribond bat jusqu'au bout de ses doigts, répond aux battements effrénés du sien ; et à chaque pulsation de leurs deux cœurs, on dirait que la vie revient dans les veines du chevalier d'Espinousse. Il se redresse à demi.

— Bianca…

Comme un écho, la voix du Seigneur noir répète :

— Bianca…

Puis, avec fureur :

— Tu dois me suivre ! dit-il. C'est notre pacte.

— Non !

Elle s'accroche à la main du chevalier d'Espinousse qui murmure :

— Je t'aime, Bianca.

Et elle répond :

— Moi aussi, je t'aime.

Alors, comme si on lui jetait de la poix brûlante, le Seigneur noir recule d'un pas en se cachant le visage dans sa cape. Une brusque rafale secoue la maison, éteint la lampe…

Puis, tout redevient calme.

Et Bianca comprend qu'elle a gagné. Elle

est plus forte que le Seigneur noir, parce que l'amour est plus fort que tout.

Plus que la mort.

Plus que le diable.

***

Le lendemain, on retrouva mort le chat noir.

2. Quand le Roi-Soleil dansait... Petites nouvelles de la Cour

DE 1650 À 1715

« (...) L'art de la danse (...) l'un des plus honnêtes et des plus nécessaires à former le corps. »

Louis XIV (1638-1715)

Sans l'influence du roi Louis XIV, la danse ne serait peut-être restée qu'un divertissement pour courtisans. Mais, dès l'enfance, le roi fut un « fou de danse ». Jusqu'à l'âge de trente et un an, il prenait sa leçon quotidienne et se produisait dans des spectacles dont il était l'étoile…, pardon, le soleil ! Et c'est tout naturellement qu'il éleva la danse au rang des beaux-arts en 1661, fondant l'Académie royale de danse. Conseillé par son maître de ballet, Pierre Beauchamp(s), il fit codifier les pas et les positions qui sont encore aujourd'hui ceux de la danse classique.

Danser à la Cour était un immense privilège. L'une des plus jolies danseuses de Versailles était la fille de Mme de Sévigné dont les lettres pleines de rythme et de grâce nous racontent avec tant d'esprit la vie d'alors…

Ces missives éparses à l'encre pâlie – les seules qui restent d'une correspondance qui dut être abondante, mais qui s'est malheureusement perdue – furent retrouvées par hasard au fond d'une malle, dans le grenier d'un manoir limousin où on les avait oubliées depuis… longtemps !

Elles ne nous renseignent pas – ou très peu –

sur celle qui les écrivit, Laure de T..., pas plus que sur celle qui les reçut, sa cousine Louise-Marie d'H..., restée en province, et dont les réponses ont disparu. Mais elles nous parlent de Louis XIV, tel que Laure de T... l'a aimé et admiré : le roi danseur.

***

De Mlle Laure de T...
à Mlle Louise-Marie d'H...
à Saint-Germain-en-Laye, un jour d'automne 1650

« Nous pleurions à chaudes larmes, mon aimable cousinette, lorsque mon père eut l'idée funeste de me séparer de vous pour m'emmener à la Cour, il y a six mois d'ici. Parce que j'avais douze ans, M. de T..., jugeait qu'il était temps de penser à mon établissement*, il me voyait bientôt dame d'honneur de la reine mère, ou prête à le devenir ! En vérité, il m'entraîna dans une si étrange aventure que nos larmes redoubleraient si nous nous trouvions face à face, ma Louisette. Mon père et moi, nous ne sommes arrivés à la Cour que pour la fuir… ou, plus précisément, pour fuir avec elle !

« La Fronde* (connaissez-vous mot plus laid ?), la Fronde nous a chassés de Paris ! Fronde du peuple, puis Fronde des Grands ; à la suite du roi, de la reine mère, Anne d'Autriche, et du petit Monsieur, le frère de sa Majesté qui est joli comme une poupée, nous avons été ballottés de-ci de-là, tels des saltimbanques ! Après moult tours et détours, nous voilà à Saint-Germain-en-Laye, dans ce grand château si abominablement triste…

« Dans tant de noir, tant de gris, tant de pluie, une bonne nouvelle a tenu lieu de rayon de soleil. Louis-Dieudonné, notre roi, en a été illuminé : pour ses douze ans, le 5e de septembre, on lui a donné un nouveau maître à danser ! Vous ne savez peut-être pas (vous êtes si loin, ma pauvre Louisette) que le roi aime la danse à la folie. Il s'y donne avec tant de cœur que, dernièrement, échauffé par l'exercice, il a été si gravement enrhumé qu'il avait peine à parler et à respirer, mais était toujours enragé à danser ! Depuis l'âge de sept ans, il apprenait les finesses du ballet de cour avec Henri Prévot, mais ce bon danseur avait fait son temps, semble-t-il… place à M. Pierre Beauchamps* ! Il a dix-neuf ans, il est fils d'un violon du feu roi, danse à ravir et : Un jour, lui et moi, nous ferons de grandes choses ensemble, je le sais ! » a affirmé le roi.

« S'il n'était pas né prince, je gage qu'il serait baladin ! Et le plus grand de tous… »

***

Il n'y a pas de fin à cette lettre dont le feuillet est déchiré. La suivante lui est bien postérieure. Qu'a fait Laure de T…, entretemps ? Mystère. Elle a quinze ans, maintenant, comme le roi. Sans doute, est-elle bonne à marier, mais un seul sujet l'intéresse : Louis XIV.

***

De Mlle Laure de T…
à Mlle Louise-Marie d'H…
à Paris ce mardi 23e février 1653

« Dussé-je me gâter les yeux à la lumière de l'unique chandelle qui m'éclaire présentement, je ne puis différer d'une minute (que dis-je ? d'une seconde) l'écriture de cette lettre. Sachez, ma très chère et très lointaine cousine, car vu de Paris, notre Limousin me paraît quelque Amérique, que je viens d'assister au spectacle le plus gracieux qui se puisse voir !

« J'ai vu danser le roi.

« Oui-da, ma bonne Louisette, vous avez bien lu : j'ai vu danser le roi. Le roi Louis XIV. Êtes-vous assez étonnée ? Le plus noble monarque de la chrétienté ne dédaigne pas de danser en public. Il est tant au-dessus de tous que rien ni personne n'a le pouvoir de l'abaisser. Sa Majesté peut se permettre de jouer les « baladins », de se mêler à eux et de danser avec eux… masqué ou pas ! Ce soir, c'était dans *Le Ballet de la nuit*, créé au Petit-Bourbon. Il s'agissait de fêter la fin de la Fronde, la reddition des rebelles et le retour du cardinal de Mazarin aux affaires ! Tout a été mis en œuvre pour que le ballet fût étourdissant… et il le fut ! Jugez plutôt : quarante-cinq « entrées » merveilleusement mises en scène et dansées, un texte du poète Benserade, une musique – céleste – de Cambefort et Jean-

Baptiste Boesset, et un décor de Torelli… Mais je crains que ces noms célèbres à Paris ne le soient guère au tréfonds du Limousin et, plutôt que de vous assommer de précisions qui vous feront bâiller, je préfère vous livrer le fin du fin, le beau du beau, le grand du grand ; en un mot comme en cent, je préfère donc aller au fait et vous décrire le roi !

« Il est magnifique ! À quinze ans – notre âge – il est déjà majestueux. Il danse à la perfection, par talent naturel et pratique assidue. Figurez-vous que, chaque matin, après avoir pratiqué le cheval d'arçon et les armes, il prend une leçon avec Pierre Beauchamps, comme s'il ne pouvait souffrir d'être éloigné un seul jour de la danse. Notre roi prétend que la perfection en toutes choses est une longue patience.

« Mais revenons à lui…

« Il est apparu en Apollon. Son costume tissu d'or semblait ravi à l'astre du jour dont, surmontés de plumes, les rayons se hérissaient en couronne autour de sa tête d'or bruni, scintillaient à ses souliers, ou jetaient mille feux aux canons* de son haut-de-chausses*.

Lorsqu'il est entré en scène, la rumeur a couru comme une vague : c'est le Roi-Soleil…

« Il ne faut pas être grande pythonisse*, ma chère cousine, pour augurer que ce surnom va rester à sa Majesté. Il lui va si bien !

« Un dernier mot : un certain Jean-Baptiste Lully* (fils de meunier florentin, il a su se pousser à la Cour) dansait ce soir avec le roi ; il n'a que vingt ans et est également musicien. L'on prétend qu'il ira loin ! Tâchez de retenir son nom si vous voulez briller dans les salons de notre province ! Le mot est hardi, mais certains esprits malicieux nomment le roi, Beauchamps et Lully, la Sainte-Trinité de la danse !

« Adieu : la chandelle fond et grésille. Je crains de devoir me coucher à tâtons. Qu'importe ! J'ai la tête si pleine d'images prodigieuses qu'elle me tourne…

Votre Laure. »

***

Le début de la lettre suivante, à demi moisi, est illisible mais, grâce à la nouvelle évoquée par Laure de T…, on peut en retrouver facilement la date. Nous sommes en 1661. Le 9 mars, le cardinal de Mazarin est mort. Louis XIV va sur ses vingt-trois ans. Enfin libre! Il prend à pleines mains les rênes de l'État. Déjà, le monarque absolu perce sous l'éblouissant danseur…

Sa jeunesse est finie.

***

« … Et, toutes affaires cessantes, il a fondé l'Académie royale de danse. Sa Majesté a jugé que trop d'abus s'étaient glissés dans la pratique de la danse ou son enseignement et qu'il fallait y remédier. La danse va être codifiée, ma bonne cousine – il se pourrait même qu'elle devînt un art – et si vous ne voulez pas paraître du dernier commun, il vous faudra apprendre les cinq «positions* » qui la régissent et, du même coup, distinguer un changement de pied d'un soubresaut, un petit rond de jambes – comme ceux du menuet – d'un pas couru ou d'un fleuret… À propos de pas, savez-vous ce que c'est que l'entrechat* ? Laissez que je vous l'explique : c'est sauter en battant vivement des pieds (tout en frottant les mollets), deux fois, quatre, six ou douze s'il vous chaut, tant qu'on est en l'air ! Le plus joli pas du monde, en vérité, et l'une des gloires du roi qui nous a dotés d'un entrechat : le royal ! À dire vrai, nul ne le bat mieux que lui. Et c'est dans l'idée de conserver toutes ces beautés qu'il a donc créé l'Académie dont je vous entretiens.

« À ce sujet, un mot piquant a couru ces derniers jours. Comme sa Majesté s'étonnait devant Beauchamps de la variété de son imagination, car ce danseur a un talent fou pour inventer des ballets, cet homme lui répondit tout uniment qu'il trouvait l'inspiration en jetant du grain à ses pigeons ; leurs tours, détours, piétinements ou volettements devenaient figures chorégraphiques.

« — La comparaison sied à mes courtisans, aurait badiné le roi. Mais la danse est chose trop belle pour la leur laisser…

« Qu'est-ce à dire ? Il se peut, révérence parler, que sa Majesté ait un curieux projet derrière la tête ! Grâce à la danse, elle nous réserve bien des surprises et… »

***

La fin de cette missive est aussi illisible que son début. Mais curieusement, malgré les années écoulées, le texte suivant en semble une suite ou un éclaircissement…

***

De Mlle Laure de T…
à Mlle Louise-Marie d'H…
à Versailles, ce 16e avril 1681

«Je vais vous mander bien surprenante nouvelle, ma chère cousine. Jugez plutôt ! Hier soir, dans un grand charroi de carrosses, je quittai Versailles où nous sommes installés depuis un an – ce «nous» désignant le roi et sa Cour – pour courir à Paris, au Palais-Royal, en compagnie de toutes ces pies-borgnes que d'aucuns appellent aussi courtisans! *Le Triomphe de l'Amour* éveillait toutes ces curiosités. Parce que ce ballet était de Lully? Que nenni! Parce que son livret venait de Quinault? Que nenni! Parce que sa Majesté avait commandé ledit ballet afin d'en régaler le Dauphin et Mme la Dauphine? Que nenni, vous dis-je! La raison à tant d'engouement est d'une simplicité renversante. Allez ! Je vous la livre ! Hier soir… mais peut-être penserez-vous que j'extravague… ? Hier soir… certes, la chose est difficile à croire… Hier soir… je n'ose vous l'annoncer. Mais, à la parfin, il faut monter au feu ! Sachez donc, ma chère cousine, qu'hier soir, nous avons vu danser sur le théâtre des danseuses professionnelles !

« Vous restez coite, je le sais ! La nouveauté est saisissante ; le ballet en a moissonné un succès éclatant. Mlle Lafontaine, une élève du célèbre Pierre Beauchamps, devenu maître de ballet de notre Académie royale de musique sur laquelle règne Jean-Baptiste Lully, a remporté tous les suffrages et gagné incontinent le titre de « reine de la danse ». Malgré les trois charmantes personnes qui dansaient auprès d'elle, je gage qu'il va lui rester.

« Pour moi, j'étais toute rêveuse. Je me fis même une réflexion d'aïeule – à quarante-trois ans, il est peut-être temps ? Curieuse époque, me dis-je, où nous voyons tout changer ! Des « baladines », élevées et payées pour l'office de « baler* », vont remplacer les grandes dames et les princesses qui étaient l'ornement de nos ballets de cour ; elles remplaceront aussi les danseurs travestis qui faisaient les rôles de femme sur les théâtres. Est-ce un mal, est-ce un bien ? Je vous laisse juger, ma bonne Louisette, mais il me semble que cette évolution – regrettable ? – vient de très loin : de ce jour de février 1670 où, après la première représentation des *Amants magnifiques* le roi décida de ne plus se produire comme danseur. L'on dit que des vers de Racine, entendus dans la tragédie *Britannicus*, l'avaient troublé :

Pour toute ambition, pour vertu singulière
Il excelle à conduire un char dans la carrière,
À disputer des prix indignes de ses mains,
À se donner lui-même en spectacle aux Romains. »

« Quoi qu'il en fût, à trente et un ans, notre Soleil se retirait et, du même coup, il retirait la danse aux courtisans. Comment eût-il souffert qu'ils continuassent à pratiquer un art où lui seul était roi ? Mieux valait offrir la danse à des « professionnels » ! Il est à espérer qu'ils sauront l'aimer et la protéger. L'on dit qu'à la demande du roi, M. Beauchamps travaille à une méthode qui permette d'écrire la danse comme on écrit la musique. Mais peut-on «écrire» la course cabriolante du passereau, le saut de la biche ou le vol de la libellule?

«Je vous laisse sur ces réflexions. Vous voyez, ma chère cousine, que je me passionne toujours pour ce que vous appellerez peut-être des riens; sachez qu'à la Cour, ils sont de première importance.

«Que Dieu vous garde!

Votre Laure.»

***

L'avant-dernière lettre de Laure de T... est un lambeau mangé par le temps sur lequel ne subsistent que la date et quelques phrases échappées aux siècles...

***

«... 1713

«... Ce 11 janvier, le roi à fondé l'école de danse de l'Académie royale. Il en a établi lui-même le règlement afin que les directeurs choisissent les meilleurs éléments et leur apprennent gratuitement leur métier. Je mettrais ma main au feu que – bien qu'à la retraite et tout dolent qu'un certain Feuillet lui eût volé sa méthode d'écriture de la danse – Pierre Beauchamps inspire encore sa Majesté ! Depuis 1687, Lully doit bien leur manquer ! Mourir d'une sotte blessure à l'orteil, vous avouerez, ma chère cousine… »

***

La dernière lettre est presque intacte. Mais l'écriture de Laure de T… n'a plus l'enfantine rondeur de la première, ni la fermeté des suivantes. Elle est un peu tremblée.

Quel âge a la mystérieuse épistolière ?

Celui du roi : soixante-dix-sept ans.

***

De Mlle Laure de T…
à Mlle Louise-Marie d'H…
à Versailles le dimanche 1er septembre 1715

« Ma bonne cousine,
Le roi n'est plus. À huit heures et quart,

ce matin, après bien des jours de douleur, il a rendu son âme à Dieu. On a arrêté la pendule de sa chambre à l'instant où il fermait les yeux pour toujours et je crois bien que ma vie s'est arrêtée aussi. Je suis fondue en larmes : l'idée de rester à Versailles alors que sa Majesté n'est plus m'est odieuse et, dès que j'aurai mis de l'ordre dans mes affaires, je regagnerai notre province. C'est auprès de vous, chère Louise, que je veux pleurer, maintenant, notre Louis le Grand, notre Roi-Soleil.

« Pour l'heure, en tentant de sécher mes pleurs, je cherche à résumer son règne, et je ne trouve qu'une formule trop simple : dans ce règne éclatant et belliqueux, les batailles succèdent aux ballets et les ballets aux batailles. Je songe que Dieu l'a voulu roi, mais bien plus que la guerre, c'est la danse que Louis XIV a aimée.

« Il nous la laisse en royal cadeau… »

3. Une diablesse sur les planches
Les débuts de Camargo

MAI 1726

« Ah ! Camargo, que vous êtes brillante,
Mais que Sallé, grands dieux, est ravissante !
Que vos pas sont légers et que les siens
sont doux !
Elle est inimitable et vous êtes nouvelle,
Les nymphes sautent comme vous,
Mais les grâces dansent comme elle ! »

Voltaire (1694-1778)

À la rigueur du siècle de Louis XIV succède une période de légèreté, voire de relâchement général ; après la régence, c'est le règne de Louis XV. La danse subit l'évolution des mœurs. En raccourcissant ses jupes pour pouvoir sauter et tourner comme un garçon, Marie-Anne de Camargo, ballerine à l'Opéra de Paris, va amorcer une révolution : celle qui, dans les ballets, donnera à la danseuse le rôle principal. Sa rivale, Marie Sallé, avec une danse très différente, tendra au même résultat.*

***

— Petite impertinente ! siffle Mlle Prévost.

Elle claque la porte de la loge où, assise sur une chaise, le cotillon retroussé, Marie-Anne ôte ses souliers de danse ; elle s'adosse au battant.

— Et levez-vous quand on vous parle !

Courroucée, sa bouche ressemble à une cerise trop mûre ; des rides de colère craquellent la blancheur de son fard. En obéissant, Marie-Anne lui coule un regard sans indulgence. Françoise Prévost* n'a plus qu'une lointaine ressemblance avec la bacchante* ceinte de lierre qu'a immortalisée Jean Raoux, à l'époque de la Régence. Maintenant, elle est devenue une « vieille » danseuse – quarante-six ans – qui défend son territoire en oubliant que cette jeune fille est son élève. Elle la regarde avec une véritable aversion. Cette rose en bouton l'insupporte. Comment peut-on avoir seize ans, le cheveu noir, l'œil malicieux et le pied léger ? Ce n'est pas tolérable !

L'indignation lui soulève la poitrine.

— Vous êtes une intrigante, mademoiselle !

Marie-Anne a un sourire moqueur.

— Parce que je sais danser ?

Souffletée par cette vérité, la Prévost verdit.

— Taisez-vous, guenipe* !

Les yeux narquois entre ses cils noirs, la « guenipe » se tait, mais son silence même est un outrage : il semble résonner encore des applaudissements qui ont salué sa prestation, tout à l'heure. Elle ne s'attendait pas au triomphe de son élève, Françoise Prévost ! À l'étourdi, elle lui a fait travailler ces « Caractères de la danse » qui ont été un de ses succès… et en quelques mesures d'un « passepied* », Marie-Anne a moissonné tous les cœurs ! Mais que lui trouve-t-on, à cette moricaude venue de Bruxelles ? La petite Sallé est bien plus jolie, beaucoup plus modeste et c'est une vraie Parisienne…

Ces pensées éparses plissent le front de la Prévost. Dans la loge, les flammes des appliques vacillent à l'air tiède qui se faufile par l'imposte en remuant une odeur de fard gras, de poudre, d'eau de senteur ; à un clou, un jupon amidonné frissonne et, étrange spectre, il se reflète dans le miroir. La Prévost se voit soudain aussi spectre que ce chiffon ; seule Marie-Anne a l'air vivante, ici. Proche du rire, une flamme de défi étincelle dans ses yeux sombres. C'en est trop ! Le souffle coupé, la « vieille » ballerine éructe :

— Vous aurez de mes nouvelles, Mlle de Cupis de Camargo.

Et elle sort en trombe.

***

Les « nouvelles » ne se font pas attendre…

Lorsqu'on veut tancer un enfant rebelle, il est habituel de l'enfermer au cabinet noir et dès le lendemain, Mlle Prévost applique une variante « opéra » de ce supplice en exilant Marie-Anne au dernier rang du corps de ballet*. Repoussée dans la pénombre du fond de scène, loin des chandelles scintillantes de la rampe, qui la remarquera encore ?

Dans les coulisses, la jeune fille retient ses larmes. Son ennemie ne la verra pas pleurer ! Ses camarades encore moins ! Et, sous sa large jupe à paniers, elle tape du pied. Le talon de son soulier fait sauter une esquille du plancher. Menue en apparence, gracieuse, féminine, Marie-Anne possède une force redoutable. Une force d'homme. Elle va bientôt s'en servir…

***

Quelques soirs plus tard.

La salle de l'Opéra est pleine. Malgré les chanteurs qui s'époumonent, elle bruit de la rumeur du public qui se bouscule au parterre et parade dans les loges. Leurs chevaliers servants vibrionnant auprès d'elles, les élégantes s'éventent, et jettent un coup d'œil nonchalant au spectacle. Il ne s'agit pas tant de voir que d'être vu. Et – bien visibles –

quelques privilégiés remplissent les loges étroites, installées à même la scène.

En attendant de faire son entrée – car la danse n'est qu'un divertissement égayant, ici et là, le sérieux de l'opéra – le corps de ballet se presse derrière les toiles peintes du décor. Froissement des falbalas de soie, frisson de plumes, crépitement de talons… les costumes des filles ressemblent, en plus surchargés, parfois, à ceux des spectatrices ; et leurs corsets bien serrés les ligotent tout autant. Dire qu'il faut danser avec ça ! Auprès d'elles, masqués, perruqués, coiffés de chapeaux emplumés, les garçons se pavanent ; certains portent encore le tonnelet à la mode du Roi-Soleil, cette jupe courte, raide d'empois et de broderies qui, en dégageant bien les jambes, permet sauts ou petite batterie*.

Parmi la troupe, Marie-Anne erre, silencieuse. Elle n'a pas envie de parler à ses condisciples et, encore moins, d'essuyer leur hypocrite apitoiement. Elle sait qu'en vérité les autres filles jubilent. Le « coup de balai » de la Prévost en arrange plus d'une ! Pas toutes, cependant : la délicate Marie Sallé lui fait un vrai sourire. Marie-Anne ne s'en rend pas compte ; elle n'a qu'une idée : se venger de la « vieille guenon » – comme elle surnomme tout bas son adversaire ! À la minute, la jeune fille ulcérée oublie quelle grande danseuse elle fut et quel excellent professeur elle est ! Elle ne voit plus que la femme jalouse cherchant à la brimer, la « guenon » – certes – dont elle va se venger…

Mais comment?

Cette idée lui assombrit le visage, l'enlaidit presque.

Pourtant, dans sa robe de taffetas couleur chair aux pans relevés par des semis de roses corail qui courent jusqu'à son corsage, soulignent sa gorge et se perdent dans ses cheveux, elle est…

— Ravissante !

Marie-Anne tressaille. L'admirateur, un homme d'environ trente-cinq ans à l'élégante tournure, se casse en une courbette. Bien qu'encombré de papiers noircis et d'un fusain, il réussit à ce que les plumes de son chapeau balaient la poussière des coulisses.

— Nicolas Lancret*, pour vous servir… se présente-t-il.

Elle arque un sourcil, ironique.

— Et… à quoi servez-vous, monsieur ?

Il sourit.

— Je suis peintre.

Lui désignant un pan illuminé de scène, entre deux colonnes du décor :

— Voyez-vous, dit-il, je m'efforce de fixer cette image pour la postérité.

Marie-Anne jette un coup d'œil à la scène, puis à l'esquisse : héros casqués et musiciens – violons, flûtes et hautbois – dans un jardin de toiles peintes, bordé de vasques fleuries.

— C'est très joli. Mais êtes-vous sûr qu'elle s'intéressera à nos opéras… et à vos peintures, la postérité ?

— Je l'espère. Les artistes œuvrent pour elle.

— Sauf les danseurs, murmure la jeune fille. Ils travaillent pour l'instant présent, eux ! Leur gloire est éphémère et elle doit être immédiate… hélas !

Ses yeux se remplissent de larmes soudaines. Issue d'une famille noble tombée dans la gêne, elle est obligée de travailler. Et si la Prévost réussissait à la briser, à saboter sa carrière, à écarter la chance de sa route ? Elle en serait bien capable, cette vieille guenon !

Sortant de scène, un héros casqué la bouscule. Elle n'y fait pas attention. Elle a même oublié Nicolas Lancret. Elle fixe, entre les colonnes de carton-pâte, la tache lumineuse de la scène. Vide.

Derrière les portants*, la voix du régisseur gronde :

— Dumoulin… Dumoulin…

Marie-Anne tressaille. David Dumoulin est l'un des danseurs de la troupe ; ce soir, déguisé en démon, il a le privilège d'exécuter un solo, avant la reprise de l'opéra.

— Qu'est-ce qu'il fiche ? vitupère le régisseur, un peu plus fort.

La perruque de travers, les mains ouvertes comme s'il cherchait à attraper Dumoulin, il va dans tous les sens, la bedaine en avant. Peine perdue ! Dumoulin a disparu ! Le trac lui a peut-être coupé les jarrets ! À travers les fentes de leurs masques, les danseurs se regardent. Que faire ?

— Seigneur Jésus… gémit le régisseur en s'épongeant le front avec un mouchoir de batiste qui voltige comme un drap.

À cet instant, ignorant le drame qui se joue en coulisses, l'orchestre vif, endiablé, attaque l'entrée de Dumoulin. Le régisseur s'effondre sur une caisse. Et le cœur de Marie-Anne se met à battre, battre, battre…

La chance !

Elle est là. À trois pas. Dans cette flaque de lumière. Invisible pour tous, sauf pour elle, la chance lui fait signe. Elle ne la laissera pas échapper ! 1… 2… 3… D'un bond, elle entre en scène. La stupeur s'abat sur la salle – on attendait un danseur, c'est une fille… Et quelle fille ! Un tourbillon de feu !

Marie-Anne n'a plus rien à perdre. Elle joue son va-tout. Elle improvise. Elle danse à sa façon, tel un enfant souvent privé de dessert qui met les doigts dans la confiture et s'en gave. Sa confiture à elle, ce sont les pas battus, les cabrioles*, les pirouettes*, tous ces pas vifs et brillants réservés aux hommes. Elle les a appris, elle les connaît. Il lui fourmillaient dans les jambes… et voilà ! Elle les danse ! Avec tant de fougue qu'elle en perd la rose piquée dans ses cheveux…

Plus un bruit. On n'a jamais aussi bien entendu la musique, à l'Opéra ! En un éclair, avec cette prescience du public qu'ont les grands artistes, Marie-Anne comprend qu'elle peut tout se permettre. Et, relevant sa jupe à deux mains pour découvrir ses chevilles, elle…

Un « Oh ! » de saisissement s'étrangle dans les gosiers : elle bat l'entrechat… comme un homme! Ses pieds, petits, cambrés dans ses minces souliers ornés d'une rose, ont une vivacité diabolique !

Et cette question passe tout bas de bouche à oreille :

— Qui est-ce?

Traînée de poudre, la réponse se propage :

— La Camargo.

Alertée par une bonne âme, Françoise Prévost est en coulisses. Au bord de l'apoplexie. Le morceau joué par l'orchestre lui paraît éternel – peut-être l'a-t-il bissé, du reste? Mais tout a une fin et…

Un déferlement d'applaudissements lui porte au cœur. Une clameur l'accompagne :

— CA-MAR-GO ! CA-MAR-GO !

Puis, un piétinement de semelles fait vibrer les planches ; s'arrachant à l'anonymat du public, des audacieux montent sur scène et, sans le moindre égard pour les grands seigneurs qui y sont assis, ils entourent la danseuse, la congratulent, la félicitent :

— Vous avez tous les pas dans les jambes, Mademoiselle !

— Quelle aisance !

— Et quelle prestesse !

— Une diablesse !

Haletante, elle répond par un sourire tremblant. Elle ne peut plus parler. En scène, elle a tout donné. Les bras un peu écartés du corps, elle tâche de reprendre son souffle. Appuyé au mur, Nicolas Lancret la dessine à toute vitesse. Un jour, il peindra « la » Camargo entourée de ses admirateurs – il se le promet – dans cette robe à peine rosée avec des faveurs bleu de Prusse aux manches ; il peindra ses joues roses et sa bouche encore entrouverte par l'effort et l'émotion. Aujourd'hui, le visage de la danse, c'est le sien.

— Faites quelque chose, espèce de chiffe molle !

D'une poigne de fer, Françoise Prévost a relevé le régisseur, toujours abattu sur son caisson.

— Il n'y a rien à faire, gémit-il.

— Je vous ferai chasser si…

Il l'interrompt :

— On ne peut rien contre la révolution, Mademoiselle.

— La révolution ?

Il hausse les épaules.

— Si UNE danseuse se met à danser comme un homme, les autres vont vouloir faire pareil. C'est la révolution, je vous dis. Le règne des danseurs sera bientôt révolu, je vois ça d'ici !

— Vous n'êtes qu'un demeuré.

Et elle l'oublie, parce que Marie-Anne apparaît dans les coulisses, suivie d'une cour de spectateurs. L'éclat du succès agrandit ses yeux. La Prévost aimerait la gifler, mais se contente de marcher sur elle, de l'empoigner par le bras, de l'entraîner hors des coulisses. Elles débouchent sur un palier obscur où tremblote un lumignon, dans une niche.

— L'Opéra de Paris, c'est fini pour vous, Mademoiselle !

La rebelle proteste :

— Vous n'avez pas le droit ! La princesse de Ligne, ma protectrice…

L'autre aboie :

— Taisez-vous ! La princesse de Ligne ne vous est d'aucun soutien ici. Je vous rappelle qu'elle se trouve à Bruxelles et que nous sommes à Paris. En outre, je doute que son Altesse continue à protéger une impudente qui montre ses jambes, telle une gourgandine, pour battre l'entrechat ! A-t-on idée ? Fi !

Ayant craché cette interjection indignée, la danseuse plante là Marie-Anne. Dès qu'elle a disparu en coulisses, la jeune fille perd sa superbe. Parce qu'elle vient de danser de toute son âme, elle est dans un état de fragilité nerveuse qui la fait trembler. Tournée vers le mur, elle éclate en sanglots. Sa vie est finie. Brève comme un songe, son heure de gloire est déjà passée.

Chassée de l'Opéra…

Autant dire chassée du Paradis ! Que va-t-elle devenir, maintenant ? Rien ! Elle n'a plus rien ! Ses larmes redoublent.

Un toussotement la fait sursauter des pieds à la tête.

— Que voilà un gros chagrin ! dit une voix bourrue.

Marie-Anne se tourne vers l'homme qui, dans la pénombre, lui sourit… et ravale un cri : Michel-Nicolas Blondy ! Ce grand danseur déjà âgé – il a cinquante et un ans – est célèbre ; propre neveu de feu Pierre Beauchamps dont il a été l'élève, il est maintenant un maître de ballet renommé. On dit même qu'il est pressenti pour diriger l'Opéra. Et c'est devant une sommité pareille qu'elle pleure comme un veau ! Mortifiée, front baissé pour cacher sa gêne, Marie-Anne plonge dans une révérence machinale en balbutiant une phrase sans queue ni tête, dont seul le mot « Maître… » est intelligible.

Il ne l'écoute pas.

— J'étais dans la salle… commence-t-il.

Le dos de Marie-Anne se voûte. Elle attend une nouvelle dégelée. Michel-Nicolas Blondy va aussi la traiter de gourgandine… ou pire ! Elle lui jette un regard suppliant. Il éclate de rire et, la tutoyant brusquement, s'écrie :

— Ne me dis pas que je te fais peur, petite, à toi qui n'as peur de rien !

C'est un reproche, pense-t-elle. Atterrée, elle ne répond pas. Il la regarde, amusé, et ajoute tout bas :

— Tu es très douée.

Les yeux écarquillés, Marie-Anne reste muette. Il ajoute :

— Je vais te faire travailler, moi.

— Mais… la Prévost…

— Elle n'a plus rien à dire. En l'occurrence, c'est moi qui décide.

Il lui adresse un salut à l'ancienne.

— À demain. La leçon est à 9 heures, je t'y attends… Camargo.

Tandis qu'il sort, elle s'incline, cette fois, en une profonde révérence. Son cœur bat comme un tambour. Il l'a appelée Camargo…

Comme si elle l'était déjà !

LA Camargo.

***

Un des grands seigneurs, le comte de Clermont*, est le dernier à quitter la scène, vidée par l'entracte. Sur les planches, il ramasse la rose tombée des cheveux de Marie-Anne. En l'accrochant au large revers de son habit, il dit à mi-voix :

— Camargo…

4. L'archiduchesse et le saltimbanque Marie-Antoinette et Noverre

1793

« Ce n'est point avec les jambes que l'on peut peindre : tant que la tête des danseurs ne conduira pas leurs pieds (...) ils s'égareront toujours. »

Lettres sur la danse, *lettre XXII,*
Jean-Georges Noverre (1727-1810)

Sous les règnes de Louis XV et de Louis XVI, la famille Vestris a eu le monopole de la danse. « Il n'y a que trois grands hommes en Europe, le roi de Prusse, M. de Voltaire… et moi ! » disait Gaétan Vestris. À poignées, comme autant de paillettes, il a jeté sur le siècle scandales, caprices… et génie.*

Mais celui qui, à cette époque, a fait réellement avancer la danse s'appelle Jean Georges Noverre. Il réfléchit au métier de danseur, à la danse elle-même, et ses* Lettres sur la danse *(1760) ouvriront une voie nouvelle à l'expression chorégraphique. Noverre prône le « ballet d'action », c'est-à-dire le ballet qui raconte une histoire. Trop novateur pour ne pas être envié ou détesté, il a une vie difficile malgré l'appui de la reine Marie-Antoinette qu'il a connue toute jeune, à Vienne. Pendant la Révolution, il s'exile à Londres.*

***

Londres
18 octobre 1793

Elle courait pieds-nus sur le gazon de Schönbrunn.

Dès qu'il a su, cette image lui est revenue en premier, inexplicable et obsédante.

Des pieds nus, très blancs, qui couraient sur du vert; et qui fuyaient, sous un jupon virevoltant…

Le soir tombe sur Londres, apportant une bruine poisseuse qui le transit, mais Jean Georges Noverre ne s'en rend pas compte; indifférent au vacarme de la ville, il marche mécaniquement en direction du théâtre. Le chapeau enfoncé sur sa perruque grise, sa main gantée crispée sur le pommeau d'ébène de sa canne, il n'évite même plus les flaques de boue, dont les éclaboussures maculent les boucles d'argent de ses souliers, et tachent ses bas.

Elle courait pieds nus…

C'était… il y a très longtemps… en 1768… Il y a donc vingt-cinq ans! Toute une vie. Pour lui, que de ballets, depuis vingt-cinq ans… que de voyages… et de grandeurs et de misères ! En Angleterre, on l'acclame, on l'appelle le « Shakespeare de la danse », à Paris, on l'a chassé de l'Opéra. Mais ce qui l'a blessé si fort lui paraît, à l'instant, très futile. Rien. Une piqûre d'amour-propre, à côté de la réalité : en France, c'est la Révolution, la Terreur. Et elle, Marie-Antoinette, on l'a…

Elle courait pieds nus…
Sans savoir… Sans deviner…
Elle courait vers… ça !

***

Vienne, printemps 1768.
Château de Schönbrunn.

Jean Georges Noverre pénètre dans le boudoir rococo où l'attend la comtesse de Brandeiss, gouvernante de Marie-Antoinette, une des filles de l'impératrice Marie-Thérèse.

Quatre à cinq pas les séparent, qui suffisent à la comtesse pour juger ce maître de ballet français, célèbre dans l'Europe entière depuis ses *Lettres sur la danse*, publiées huit ans plus tôt. Il a un physique au-dessus de sa condition, pense-t-elle, c'est-à-dire qu'il ressemble plus à un gentilhomme qu'à un saltimbanque ; il porte avec élégance un habit de velours bleu France, clouté de gros boutons de cuivre, dont les revers de soie à impressions léopard font un contraste raffiné avec la lavallière de mousseline nouée autour de son cou. Mais sa révérence, un délice pour l'œil, révèle l'ancien danseur, dont à quarante et un ans il garde aussi la trompeuse jeunesse. Leurs regards se croisant, elle remarque que ses yeux noisette sont un peu asymétriques, le gauche est plus grand ; pourtant, pleins d'intelligence et de songe, ils ne peuvent le déparer.

Jean Georges Noverre est beau.

La gouvernante esquisse un sourire… que fige un bruit cristallin : une jeune fille de douze à treize ans tambourine aux carreaux de la porte-fenêtre. Elle sourit. Elle a dû courir ; ses joues sont rouges et le ruban de satin noir qui attache ses cheveux blonds est à demi dénoué. Réprimant un soupir, la comtesse murmure :

— Voici qui nous évite les préambules, c'est son Altesse l'archiduchesse Marie-Antoinette, précisément…

Statue de la réprobation – lorsqu'on est la

fille d'une impératrice, on n'affecte pas ces manières de lingère – elle va ouvrir et reste bouche bée : la jeune fille est nu-pieds. Elle ne porte même pas de bas !

— Ne dites rien, Mme la Comtesse…

Marie-Antoinette entre en trombe. Un rire retenu étincelle dans ses yeux bleus.

— … Je sais par cœur ce que vous pensez !

« Ravissante… » pense le maître à danser en s'inclinant profondément. Le bruit court que l'archiduchesse va épouser le Dauphin, petit-fils du roi Louis XV, l'héritier du trône de France. Si, venu de Stuttgart où il dirige les ballets du duc de Wurtemberg, Noverre se trouve en Autriche, ce n'est pas un hasard.

Marie-Antoinette esquisse une révérence.

— Monsieur, je brûlais de vous voir ! dit-elle en français.

Courbette de Noverre.

— Je suis très heureux de faire la connaissance de votre Altesse et d'avoir le grand honneur d'être son nouveau maître à danser, même si ce n'est que pour peu de temps.

Elle ne l'écoute plus.

« Quelle tête à vent* ! » pense sa gouvernante, restée coite. La désinvolture de sa pupille lui a confisqué l'usage de la parole, et elle décide que cette « girouette » n'est pas fouettée assez souvent. Maintenant, avec des gestes gracieux, Marie-Antoinette « marque » les pas d'un menuet* :

— Qu'en pensez-vous, Monsieur ? Croyez-vous que je plairai à Versailles ?

— Votre Altesse plaira infiniment, mais, telle que je la vois faire, je doute qu'elle ait besoin de leçons de danse supplémentaires…

Ce ne sont pas des phrases de courtisan : il est sous le charme. Elle a la grâce, ce don inexplicable qui ne s'apprend ni ne s'achète et qui est, peut-être, un cadeau des fées… En a-t-elle déjà conscience ?

— Il ne s'agit pas de leçons supplémentaires, dit-elle en souriant, mais de leçons AVEC VOUS, monsieur Noverre, et cela fait toute la différence !

Touché, le maître de ballet hoche la tête, tandis que la comtesse se détend imperceptiblement : l'archiduchesse a su trouver le mot juste. Elle se promet de le rapporter à l'impératrice, sa mère, si soucieuse de son éducation. Pourvu que Marie-Antoinette s'arrête là et laisse le Français sur cette bonne impression ! Mais non ! Elle a encore des choses à dire…

— Il paraît, monsieur, interroge-t-elle, que c'est vous qui, en premier, avez « démasqué » les danseurs ?

— Je m'en flatte, votre Altesse.

Noverre sourit.

— J'ai même commencé par le grand Gaëtan Vestris en personne.

Oubliant ses manières de cour, il précise avec feu :

— Il me semblait inepte de cacher le visage de cet artiste avec un masque de bois ou de cire qui l'empêchait d'exprimer ses sentiments.

L'archiduchesse ouvre de grands yeux.

— Le visage a donc un rôle dans la danse ?

— Un rôle essentiel, votre Altesse. On considère trop souvent les danseurs comme des poupées mécaniques qui lèvent une jambe ou tournent en cadence. Rien de plus faux !

Noverre se touche le front.

— La danse se passe… ici.

Puis, il désigne son cœur.

— Et là.

Marie-Antoinette le regarde avec sérieux.

— Je m'en souviendrai.

Puis, une étincelle de malice dans les yeux :

— Et pieds nus? s'écrie-t-elle. Dansera-t-on pieds nus, un jour?

La gouvernante en a un haut-le-corps : l'archiduchesse dépasse les bornes! Mais comment intervenir sans manquer de tact? Le temps qu'elle réfléchisse, la jeune fille a déjà sauté du coq à l'âne.

— Je raffole du menuet, savez-vous? dit-elle en pinçant sa jupe du bout des doigts. Je voudrais le danser mieux que personne, et que Mozart* en composât pour moi !

Noverre hausse un sourcil.

— Votre Altesse parle-t-elle de l'enfant prodige qui se produit dans toutes les cours d'Europe, ou bien de son père ?

Elle rit.

— Du fils, bien sûr ! Nous avons presque le même âge et, quand nous étions petits, nous avons joué ensemble du clavecin…

Elle soupire :

— La danse et la musique, voilà mes deux amours! Hélas, je dois faire bien d'autres choses… et beaucoup plus ennuyeuses!

La gouvernante la foudroie du regard – qualifie-t-on ainsi ses obligations de princesse?

– et Noverre ne répond rien. Il n'y a rien à répondre. Le destin de l'archiduchesse est tout tracé : les « choses ennuyeuses » seront son lot. Pris d'une brusque tendresse pour cette petite fille, pauvre oiseau de paradis qu'on va mettre en cage, il s'adresse à la comtesse :

— Pouvons-nous, Madame, commencer la leçon ?

Elle a un mince sourire.

— Tant que son Altesse ne sera pas chaussée, cela est impossible, Monsieur.

Toisant la rebelle, elle assène :

— Une archiduchesse d'Autriche ne se montre pas déchaussée en public.

Marie-Antoinette éclate de rire.

— La belle affaire !

Elle s'élance vers la porte-fenêtre.

— Je vais les retrouver, mes souliers ! Ils sont quelque part dans le gazon, du côté de l'escarpolette…

Elle s'enfuit au-dehors. Il la suit des yeux.

— Adorable… murmure-t-il.

La gouvernante pince les lèvres. À son avis, « adorable » rime avec « insupportable »…

***

Londres
18 octobre 1793

Au bout de la rue où un allumeur de réverbère promène son lumignon, Jean Georges Noverre aperçoit la façade du théâtre ; il accélère le pas, comme s'il allait s'y mettre à l'abri…

Elle courait pieds nus sur le gazon de Schönbrunn.

L'image le poursuit. Nette, colorée, elle encombre sa mémoire. Elle efface toutes les autres, même les plus resplendissantes – celles que la reine Marie-Antoinette lui a permis d'inventer en le mettant à la tête de l'Opéra de Paris en 1776. Éprise de nouveauté, elle lui a donné le champ libre et il a créé un ballet sans parties chantées, le premier « vrai » ballet, *les Caprices de Galathée* qu'il lui a offert en 1781.

Tant de souvenirs étincelants !

Elle courait pieds nus…

Il s'engouffre dans le théâtre, traverse le vestibule encore vide, pousse une porte basse, débouche dans le petit escalier qui monte aux loges ; sur le mur sale, la flamme d'un quinquet tremblote. Et il ne peut pas aller plus loin. Rompu par une soudaine fatigue, il s'appuie à la rampe.

Elle courait…

Sans savoir… Sans deviner…

Elle courait vers… ça!

Graffiti immonde, il croit voir écrit sur le mur, en grosses lettres rouges, les mots lus tout à l'heure sur le papier de la gazette :

Ce 16 octobre, à Paris, la reine Marie-Antoinette a été guillotinée.

Et Noverre ne retient plus ses larmes.

5. Les chaussons de la Sylphide Marie Taglioni

1821-22

« Taglioni (…) ressemblait à s'y méprendre à ces fées d'Écosse, dont parle Walter Scott, qui vont errer au clair de lune, près de la fontaine mystérieuse, avec un collier de perles de rosée et un fil d'or pour ceinture… »

Théophile Gautier (1811-1872)

Après la Révolution, un vent de « modernisation » souffle sur la mode. Plus de corsets, de robes à paniers ou de coiffures tarabiscotées. L'élégante (la « Merveilleuse ») s'habille d'une tunique à l'antique, porte des chaussures plates et se coiffe à la Titus. La ballerine suivra la mode ! Pour danser, elle abandonne les souliers à talons de l'Ancien Régime et adopte les chaussons. C'est à la force de ses chevilles et de son cou-de-pied qu'elle devra maintenant ses demi-pointes ! De là à passer aux pointes, il n'y avait qu'un pas… franchi en deux ou trois décennies, cependant !

Malgré quelques courageuses pionnières restées plus ou moins obscures, c'est Marie Taglioni– entraînée, encouragée et poussée par son père, le maître de ballet Philippe Taglioni* – qui est officiellement la première ballerine au monde à danser sur les pointes.*

— Tiens-toi droite ! s'écrie-t-il.

Elle rectifie la position. Puis, dans sa robe simplette à taille haute, elle reste devant lui sans bouger. Il la regarde des pieds à la tête : le front trop dégagé, le cheveu pauvre, les bras très longs et, autant l'admettre, un dos presque bossu… elle n'est pas gâtée, sa fille Marie !

Assis sur la chaise basse d'où il l'observe, Philippe Taglioni ne sait plus s'il est en colère ou découragé. Il a mené l'existence nomade d'un chorégraphe connu, allant de Stockholm à Kassel, en passant par Stuttgart, Vienne ou Munich, tandis que sa famille se fixait à Paris. Il a laissé le soin à Sophie, son épouse, d'élever Marie et Paul, leurs enfants, et – quant à l'aînée – voilà le résultat ! Dire qu'il l'a fait engager au Théâtre impérial de Vienne… Mais en la voyant, on va lui rire au nez ! Une ballerine, sa fille ? Seigneur ! Pour le moment, elle n'en a pas grand-chose, malgré huit ans de danse. S'il avait pu s'en occuper ! Mais il ne l'a pas vu grandir, cette petite… d'ailleurs, quel âge a-t-elle exactement ? Elle est née en 1804, à Stockholm, on est en 1821… dix-sept ans ? Elle fait beaucoup moins. Tant mieux, dans un sens.

— Que veux-tu faire dans la vie, Marie ?

Elle le regarde avec étonnement.

— Mais… danser, Papa !

Quelle question ! Comme si chez les

Taglioni, on pouvait être autre chose qu'artistes ! Depuis toujours, on est voué au chant ou à la danse, dans la famille. Poursuivant la tradition, Papa a épousé la fille du grand chanteur suédois, Karsten. Alors, avec une hérédité pareille…

Marie insiste :

— Je veux être danseuse.

Elle rougit.

— La première danseuse du monde.

Cette élan puéril ne fait pas sourire son père. On ne badine pas avec la danse, quand on s'appelle Philippe Taglioni. Marie le sait. Et, abandonnant l'expression enfantine qui fait fondre sa mère, elle affirme :

— Et je le serai !

Sa bouche se durcit.

— Si je ne suis pas la première, je préfère encore devenir modiste !

Son père a un haut-le-corps. Modiste ! L'indignation le met debout.

— Et pourquoi pas marchande de bonbons, pendant qu'on y est ? éclate-t-il.

Marie baisse la tête, l'air contrit. Philippe ne remarque pas la lueur malicieuse pétillant dans ses yeux – qui sont très beaux, eux. Il ignore encore la finesse de sa fille et son sens aigu de l'humour. Modiste ! Une menace pareille ressemble à la muleta agitée sous le mufle du taureau pour l'abuser ; le chorégraphe vient de s'y jeter tête baissée !

— Lève la jambe ! ordonne-t-il.

Elle soulève le bas de sa robe pour obéir.

— Plus haut.

Dans la position de l'échassier, Marie tremble légèrement.

— Aucun équilibre ! diagnostique son père, en lui attrapant le pied.

Elle chancelle. Il rugit :

— Si tu veux tenir, serre le ventre et les fesses !

Ces mots choquants ne sont guère employés dans la bonne société, mais les danseurs, qui n'ont pas de ces sottes pudeurs, n'hésitent pas à les prononcer !

— Redresse le dos, abaisse les épaules, lève le menton ! Qu'est-ce qu'on t'a appris, bon sang ?

Leurs regards s'affrontent. Mais, dans celui de sa fille, il ne voit tout à coup que le désir éperdu de bien faire. Il pense à l'opinion des professeurs de Marie, qu'à peine arrivé à

Paris, il est allé consulter. Votre «petite bossue» ne dansera jamais : voilà leur verdict! Les imbéciles! Radouci, il examine son pied délicat. Il le tourne en dehors. Petit, gracieux, cambré…

— Tu as un très joli pied, ma fille.

Elle sourit. Ce n'est pas un fade compliment ou une appréciation esthétique; dans le métier, cela signifie un pied fait pour danser.

— Alors… tu crois que j'y arriverai, Papa? demande-t-elle.

Pour la tester, il la lâche brusquement. Marie ne bouge pas d'un cil – elle s'est méfiée – et lui décoche un coup d'œil triomphant. Elle a du répondant, cette petite! Philippe sourit enfin.

— Tu y arriveras à condition de travailler…

— J'y suis prête!

Il reprend :

— À condition de travailler… comme une damnée !

Elle lui fait une révérence.

— C'était ce que je voulais dire… maître.

Il éclate de rire et l'embrasse. Courageuse enfant! Mais elle ne sait pas ce qui l'attend…

— Nous sommes en décembre, dit-il. En juin 22, tu feras tes débuts à Vienne.

Autrement dit, Marie a six mois pour rattraper huit ans de perdus. Un tour de force. *Rien ne sert de courir...*? Philippe Taglioni va faire mentir l'adage. À l'instar du sculpteur qui modèle, taille et polit inlassablement sa statue préférée, il va «recréer» sa fille par un infatigable travail et en faire son chef-d'œuvre.

Grâce à lui, Marie deviendra Taglioni.

La première étoile de la danse.

***

Elle n'en est pas encore là.

Le front poissé de sueur, le souffle court, elle «développe*» doucement la jambe, les yeux fixés sur le miroir où elle aperçoit son double, cet elfe fragile qui va s'envoler dès qu'il en aura la permission!

Elle aperçoit aussi son père qui, sourcils froncés, l'étudie aussi.

— Garde la position et compte jusqu'à cent, ordonne-t-il soudain en sortant de la salle de danse, installée pour elle.

Marie y travaille six heures par jour. Deux sont consacrées à travailler les pieds, deux autres à l'équilibre et le reste au saut. Pour l'instant, elle perfectionne son « aplomb ». Les bras en couronne*, elle égrène donc tout bas :

— Un… deux… trois…

Que cent paraît donc loin ! Les muscles de ses cuisses se tendent, brûlent. Dans l'effort, son cœur commence à s'emballer. C'est toujours ainsi ; elle a vite des palpitations. Mais elle doit tenir.

— Vingt… vingt et un… ving-deux…

La jambe baisse imperceptiblement. Non ! Elle serre le ventre à mort. La jambe tient.

— Soixante… soixante-cinq…

Elle jette un coup d'œil anxieux à la porte. Que fait son père ? Lorsqu'il est présent, l'effort est moins difficile.

— Quatre-vingts…

Elle a l'impression soudaine que, tétanisés, ses muscles vont lâcher d'un coup. La honte ! Pense au Théâtre impérial de Vienne, Marie ! Pense aux fleurs, aux applaudissements… Pense à la fierté de ton père ! Et pense à l'Opéra de Paris, ton rêve…

Elle y triomphera un jour – elle se l'est juré – afin que le surnom de « petite bossue » dont ils l'ont affublée, reste dans la gorge de ses détracteurs. Quand ils la verront danser, ils en seront malades ! Ils verdiront de jalousie et…

— Cent !

Va-t-elle lâcher ? Elle en a le droit. Mais si Papa la trouve au repos… Serrant les dents, elle décide de compter jusqu'à cent dix… puis cent vingt… Lorsque Philippe repasse le seuil, un petit paquet à la main, elle est à cent cinquante et pâle à mourir.

— Très bien, ma fille, dit-il distraitement.

Abandonnant l'exercice, Marie fond en larmes. Philippe lui caresse la tête.

— C'est ça, dit-il, pleure un bon coup et tu iras mieux après !

Elle sanglote si fort que, venue de la pièce à côté, sa mère fait irruption. Brandissant son tambour à broder, elle apostrophe son époux :

— Tu vas la tuer, cette petite !

— C'est pour son bien.

Sophie Taglioni lève les yeux au ciel et enlace la jeune fille.

— Mon cœur, mon petit ange, ma tourterelle… la berce-t-elle, tandis que sans un regard pour « ses » femmes éplorées, Philippe déplie le papier de soie du paquet.

— Lorsque tu en auras fini avec tes niaiseries, nous pourrons peut-être travailler… finit-il par grommeler à l'intention de la mère.

Et s'adressant à la fille :

— J'ai du nouveau pour toi, Marie.

Yeux humides, nez rougi, elle relève la tête.

— Regarde ! s'écrie-t-il d'un ton triomphal en faisant danser des chaussons de satin blanc au bout de leurs rubans.

Mme Taglioni se moque :

— Où est la nouveauté ? Il y a vingt ans, peut-être, quand les ballerines dansaient encore avec des souliers à talons, mais de nos jours…

Son mari l'interrompt :

— Ce ne sont pas des chaussons ordinaires, tu vas voir ! Essaie-les donc, Marie.

Docile, elle s'assied par terre et enfile l'une des minces chaussures.

— Mais… le bout est un peu dur !

Un éclair victorieux traverse le regard de Philippe.

— Évidemment ! Et c'est là sa nouveauté, à ce chausson !

Comme elle ouvre des yeux plein d'incompréhension, le chorégraphe s'impatiente :

— Allez ! Mets vite l'autre et je t'expliquerai.

Marie s'exécute, noue les rubans autour de ses chevilles, se remet vivement debout… et fait la moue.

— Ils ne sont pas très confortables !

— Pour déambuler dans un salon, en effet, acquiesce son père, mais pour monter sur les pointes…

— Sur les pointes ? répète-t-elle.

Et Mme Taglioni gémit :

— Qu'es-tu allé inventer encore ?

— Une nouvelle façon de danser, Sophie !

Saisissant sa fille par les poignets, il s'écrie :

— Marie, tu vas être la première à danser sur les pointes, comprends-tu ?

Elle hausse les épaules.

— Enfin, Papa, cela s'est déjà vu ! Monsieur Coulon, mon professeur, en avait la manie !

Il nous parlait toujours de Geneviève Gosselin ou de Fanny Bias qui, au début du siècle…

— Suffit ! l'interrompt-il. Ces danseuses montaient sur les pointes de façon exceptionnelle, comme un numéro de cirque, mais, toi, tu vas danser sur les pointes de façon… naturelle !

Mme Taglioni jette les bras au ciel.

— De façon… naturelle ! Ma pauvre petite fille ! Le ciel ne l'a pas construite pour se pavaner sur le gros orteil, que je sache !

Mais Marie murmure :

— Je peux toujours essayer…

Doucement, elle s'élève sur les demi-pointes… puis, sur les pointes. Son père la regarde faire.

— Ne t'aide pas des bras… D'ailleurs, croise-les sur la poitrine, légèrement, cela dissimulera leur longueur… N'aie pas l'air de faire d'effort… Dis-toi que tu es une libellule, un papillon… ou une sylphide.

Il y a un brusque silence. Puis, Philippe Taglioni dit tout bas :

— Tout le monde t'imitera, Marie. Je te le prédis. Mais tu auras été la première. Et c'est cela qui compte.

***

18 mars 1832. Paris.

Il a fallu dix ans pour qu'elle y arrive enfin, à l'Opéra !

Dix ans de tournées, de spectacles, de rivalités, pendant lesquels se forgeait la première grande étoile de l'histoire du ballet. Au soir de la générale de *La Sylphide*, c'est le ravissement.

Marie Taglioni ne danse pas, elle vole…

C'est un « flocon de brume soulevé par le vent[1]. » « Elle danse de partout comme si chacun de ses membres était porté par des ailes[2]. » « Elle voltige comme un esprit au milieu des transparentes vapeurs des mousselines blanches dont elle aime à s'entourer, elle ressemble à une âme heureuse qui fait ployer à peine du bout de ses pieds roses la pointe des fleurs célestes[3]. » « Sa façon de retomber comme une plume ou un flocon de neige et de

1. *Les Demoiselles de l'Opéra*, Paul Mahalin, Paris, 1868-1889.

2. *Les Adieux de Mlle Taglioni*, anonyme, Paris, 1837.

3. Théophile Gautier.

reprendre sa marche terrestre défie toute description. Son élan est gracieux et tout naturel, c'est son retour qui est surnaturel[1]. »

Marie est devenue « pleine de grâces ».

On est loin de la *petite bossue* !

Pour réussir, il suffit de vouloir, disait-elle.

1. Anonyme.

6. *Giselle*
Le poète et l'étoile

1841

« Carlotta a dansé Giselle *avec une perfection, une légèreté, une hardiesse, une volupté chaste et délicate (…) Ce rôle est désormais impossible à toute autre danseuse, et le nom de Carlotta est devenu inséparable de celui de* Giselle. »

Théophile Gautier (1811-1872)

Pendant l'époque romantique, il y eut une véritable passion pour le ballet. Les danseuses étaient devenues des étoiles ; et leurs partenaires masculins n'étaient plus que de simples faire-valoir. En créant Giselle, *la ravissante Italienne Carlotta Grisi est devenue une des «stars» de l'histoire de la danse. Il est vrai qu'elle avait définitivement conquis le poète Théophile Gautier qui lui consacrera des dizaines d'articles émerveillés, et mourra en prononçant son nom...*

***

Si c'était une fleur, ce serait *une rose thé qui vient de s'ouvrir...*

Les poètes osent toutes les métaphores ! Et, dans ses écrits sur la danse, Théophile Gautier dépeignait ainsi Carlotta Grisi qui venait de faire ses débuts à l'Opéra. Pour ce passionné de ballet – et critique célèbre à trente ans – la jeune Italienne incarnait la ballerine idéale... *Il est impossible de danser avec plus de perfection,* écrivait-il ; mais il n'y avait pas que cela ! Ses *yeux de violette* l'avaient chaviré. Pour longtemps. Pour toujours...

Alors, il eut l'idée du plus beau des cadeaux. On gâtait une femme ordinaire avec des fleurs, des chocolats ou des bijoux ; une ballerine méritait plus et mieux…

Un ballet.

Et il allait l'écrire. Pour Carlotta ! Il venait de découvrir la légende allemande des willis.

Carlotta Grisi serait la plus belle d'entre elles.

***

Enveloppé dans sa cape, le voyageur se hâte.

Il fait nuit. Il est en pleine forêt et il a presque peur. Une brume froide sourd de l'étang proche, se glisse entre les ombres noires des arbres, palpite autour de lui comme une respiration… Il débouche dans une clairière où coule un rayon de lune. Et il pousse un cri.

Elles sont là.

Blanches, immatérielles… elles l'attendent ! Ce sont les fantômes des jeunes filles mortes avant le mariage, et qui ont trop aimé la danse. Les willis…

Il ne pourra pas leur échapper. Aucun

homme n'échappe jamais aux willis. Déjà, elles lui tendent les bras. Elles veulent danser avec lui.

Elles le feront danser jusqu'à la mort…

***

L'idée était belle.

Carlotta en fantôme inaccessible *dans la brume veloutée du clair de lune allemand…* quelle merveille ! Théophile Gautier la voyait déjà… mais, si belle fût-elle, cette image ne suffisait pas ! Pour émouvoir le public, il fallait raconter comment une jeune fille, si fraîche, si gaie – *un bouquet dans la rosée* – en était arrivée là.

Appuyant la tête au dossier du fauteuil, il ferma ses yeux pleins de songe.

Et, sortant de la chaumière pelotonnée sous les grands arbres, Giselle s'approcha du poète sur la pointe des pieds…

***

C'est une petite paysanne. Elle porte jupe

bouffante, corselet et tablier blanc. Ses cheveux sont sagement relevés, et piqués de fleurs ramassées dans le sous-bois. Elle habite à l'orée de la forêt. Au loin, par delà les arbres roussis par l'automne, on aperçoit un château – celui du duc Albert – qui, dressé sur le roc, surplombe le Rhin. Il a quelque chose de sinistre. Mais Giselle s'en moque. Elle ne regarde pas si loin. Elle est trop heureuse ! Elle aime Loys. Et Loys l'aime. Qu'y a-t-il de plus important dans la vie ?

— Rien, rien, rien ! s'écrie-t-elle.

Et elle danse ces mots, elle les tourbillonne ou les bondit…

— Voyons, Giselle…

Sa mère surgit sur le seuil de la chaumière.

— … Tu n'es pas raisonnable ! Ne danse pas à tort et à travers. Souviens-toi des willis…

Le mot terrible ne fait même pas frémir la jeune fille. Elle n'a que faire des vieilles légendes ! Elle danse de plus belle. Découragée, sa mère rentre dans la chaumière.

— Loys !

Il a surgi tout à coup. Jeune, beau, charmant. Elle se précipite vers lui ; ils se retrouvent en dansant de joie, puis se parlent tout bas :

— Tu m'aimeras toujours ?

— Jusqu'à la mort, Giselle.

Elle rit, elle saute, elle tournoie. La vie est belle ! Pareille au vin pétillant qu'on boit pendant les vendanges, la vie leur monte à la tête. Ils oublient tout. Ils n'aperçoivent même pas l'homme qui se glisse entre les arbres et, plein de rancœur, les épie.

Soudain, un cor retentit dans le lointain.

— Le duc Albert et sa cour sont en train de chasser ! s'écrie Giselle.

Loys s'écarte d'elle.

— Il faut que je rentre.

— Tu reviendras, n'est-ce pas ?

— Oui. Et on ne se quittera plus…

Mais il part. Il s'en va même en courant. Elle le suit des yeux… et sursaute de la tête aux pieds.

— Hilarion !

Sorti de sa cachette, le garde forestier essaie de badiner :

— Que tu as l'air contente, Giselle…

Ses propres mots lui font mal. Il aime la jeune fille. Il l'aime pour rien. Elle ne l'a jamais regardé. Haussant les épaules – de quoi se mêle-t-il, celui-là ? – elle s'élance vers la chaumière. Il lui barre le chemin.

— Attends ! J'ai un mot à te dire.

— Laisse-moi, Hilarion, je dois…

— Tu sais qui c'est, ton amoureux ?

Elle lève les yeux au ciel.

— Évidemment, idiot ! Il s'appelle Loys et…

Le rire de l'autre lui coupe la parole.

— Loys ? Voilà qui est bien trouvé !

Il l'attrape aux épaules.

— Que tu es naïve !

— Pourquoi ?

La complainte du cor retentit tout près, maintenant. Giselle en tressaille. Le garde forestier ricane :

— Ce garçon ne s'appelle pas « Loys ». Il t'a menti.

Elle hausse les épaules.

— Et pourquoi me mentirait-il ?

— Pour que tu lui tombes dans les bras, pauvre sotte ! Tu crois avoir affaire à un paysan comme nous, mais c'est le…

— Tais-toi ! Je ne te crois pas !

La jeune fille s'enfuit chez elle. La porte claque.

— Tu ne perds rien pour attendre… menace tout bas Hilarion.

À cet instant, quelques courtisans du duc Albert font irruption dans la clairière ; reine de la troupe, la princesse Bathilde, sa fiancée. Tous ont soif. Sorties à la hâte de la chaumière, la mère et la fille s'affairent à servir l'élégante compagnie. Elles avancent des sièges, posent gobelets et cruches sur la table ; elles se mettent en quatre, enfin.

Giselle fait la révérence à Bathilde. L'envie-t-elle ? Non ! Cette dame a beau être habillée de soie ou de velours, il lui manque l'essentiel : l'amour de Loys. Le cœur plein de cet amour, Giselle sait que la vraie princesse, ici, c'est elle ! Et, soulevée de bonheur, elle danse quelques pas…

— Que la fête commence ! crie alors quelqu'un parmi les villageois accourus pour saluer leur seigneur.

En attendant qu'il arrive, on boit, on chante, on danse ! Giselle comme les autres. Mieux que les autres.

— Que tu danses bien, petite… lui dit la princesse.

D'un élan irrésistible, elle lui offre la chaîne

d'or qui étincelle à son cou. C'est alors que surgit…

— Loys !

Giselle s'élance vers lui.

Mais il se détourne… il baisse les yeux… il ne la reconnaît plus. Ou il ne veut pas la reconnaître.

— Loys ?

Le cœur de Giselle bat à tort et à travers. Elle titube. Elle va tomber… Hilarion la retient.

— Je t'avais prévenue, souffle-t-il.

— Loys…

Devant lui, les courtisans s'inclinent ou les paysans se découvrent. La stupeur agrandit les yeux de Giselle. Hilarion susurre :

— Alors, tu as compris ?

— Loys… balbutie-t-elle encore, les yeux pleins de larmes.

— Il n'y a pas de Loys ! C'est le duc. Le duc Albert.

Elle secoue la tête.

— Tu mens !

Elle a crié. Autour d'eux, il y a un silence à couper au couteau.

— Je vais te prouver que je dis la vérité… moi !

Bondissant derrière la chaumière, Hilarion en revient avec l'épée et le manteau du duc.

— Il les a cachés pour que tu ne le reconnaisses pas.

Giselle reste pétrifiée. Soudain, tout se craquelle dans sa tête. Le duc lui tend les mains. Plaide-t-il sa cause… à moins qu'il ne la repousse, elle, la petite paysanne ? Comment savoir ? Tout se brouille. Où est-elle ? Que se passe-t-il ? Que disent-ils, tous ? Autour d'elle, il y a un brouhaha d'épouvante.

— Qu'est-ce que tu as, Giselle ?

Elle n'entend pas. Elle n'entend plus qu'une petite musique interrompue, maladroite, qui ressemble à celle de son cœur, à celle de ses rêves… Elle arrache la chaîne d'or, la jette par terre de toutes ses forces. Puis, s'essayant à danser, elle fredonne :

— Ta tata tata tata…

Sa mère qui la supplie tout bas – « Calme-toi… » – veut l'enlacer ; Giselle la repousse et s'empare de l'épée. Un frisson passe sur la foule. Le duc se précipite vers la jeune fille, qui lui échappe. On s'écarte devant l'arme dont, en tourbillonnant, elle griffe le sol.

Elle tourne de plus en plus vite.

Elle a l'impression d'être emportée par un vent de feu qui ébouriffe ses cheveux, l'aveugle et, tout à coup, la jette par terre. Morte.

***

Elle est morte d'amour.

À cause de lui.

Tandis qu'il marche dans la nuit vers le cimetière, ces mots l'obsèdent. Par légèreté et désinvolture, comme il aurait piétiné sans le vouloir une fleur des champs, le duc Albert a tué Giselle. Il n'y a plus de bonheur possible. Il n'y a plus que le souvenir, le remords… et les lis dérisoires qu'il porte sur sa tombe, près de l'étang. Il va s'y agenouiller lorsque sonnent les douze coups de minuit…

Alors, surgies de la nuit à chaque coup de cloche, les blancs fantômes des willis accourent, conduites par l'altière Myrtha, leur reine. Albert se rejette dans l'ombre. La reine brandit son sceptre.

— Mes sœurs, accueillons Giselle dans nos rangs…

Et, la gorge serrée, Albert voit la jeune fille s'échapper de la tombe. Immatérielle, elle palpite sur les ténèbres dans une robe de gaze plus légère qu'un nuage.

— Giselle…

À sa voix, elle tressaille. Ils s'élancent l'un vers l'autre. Mais Myrtha abaisse son sceptre. Un homme… ici… cette nuit… Un homme, la victime rêvée !

Tout est fini pour lui.

— Tu nous as surprises. Tu dois mourir, décrète-t-elle.

Giselle se jette à ses pieds.

— Pitié !

La reine est inflexible : cet homme dansera avec elles toutes jusqu'à la mort. Giselle supplie :

— Contentez-vous de celui-là…

Elle lui désigne Hilarion qui, égaré, trébuche dans le cimetière. Les willis l'entourent, le font tourner comme un toton*, se le renvoient, le forcent à danser. Le garde forestier s'effondre. L'étang l'engloutit.

La reine est-elle satisfaite ? Non.

Hilarion n'était que fretin ; c'est Albert qu'elle veut ! Il commence à danser. Seul. Ou avec Giselle. Lorsqu'il est trop fatigué, elle l'aide ou prend le relais.

— Tu dois tenir, souffle-t-elle. Et tu seras sauvé. Tenir jusqu'à l'aube.

Ses premières lueurs dispersent les willis. Giselle le sait. Elle sait aussi qu'à l'aube, ils seront séparés à jamais. Et ils dansent. Désespérément. Comme s'ils s'avouaient enfin tout ce qu'ils se sont tu…

Albert comprend qu'en perdant Giselle, il a tout perdu. Il le lui dit.

— Tu m'oublieras… murmure-t-elle.

— Jamais !

Et le ciel commence à pâlir. Au loin, un coq chante. Une à une, les willis se dissolvent dans la clarté indécise du petit matin. Mais Giselle est encore là.

— Je t'aime.

Albert la prend dans ses bras et pousse un cri : il n'étreint plus que le vide. Giselle a disparu. Il est seul. Définitivement.

Fou de douleur, il s'abat sur la tombe.

***

Une larme glissait le long de sa joue et le poète ouvrit les yeux.

— Carlotta…

Allait-elle aimer son cadeau ? Impatient de le lui offrir, Théophile Gautier se leva, renoua pensivement sa lavallière rayée. Maintenant, il fallait dénicher un librettiste[1], un musicien[2], un chorégraphe…[3] et battre le fer pendant qu'il était chaud ! Il y avait urgence ! Il voulait qu'on dansât le ballet le 28 juin : c'était l'anniversaire de Carlotta !

Cinq minutes plus tard, il était dans la rue, héla un fiacre, y grimpa.

— À l'Opéra !

Et, comme s'il parlait déjà à l'oreille de Carlotta Grisi, il murmura :

— Ma Giselle…

Ce nom resterait pour toujours à la dame « aux yeux de violette » …

1. Vernoy de Saint-Georges.
2. Adolphe Adam.
3. Jean Coralli (et Jules Perrot).

7. Louison et M. Degas

1879

« Danse, gamin ailé, sur les gazons des bois.
Ton bras maigre, placé dans la ligne suivie,
Équilibre, balance et ton vol et ton poids.
Je te veux, moi qui sais, une célèbre vie. »

Edgar Degas (1834-1917)

Le grand peintre de la danse est incontestablement Edgar Degas. Habitué du « foyer » de l'Opéra, il a croqué, dessiné, peint, et même photographié les graciles ballerines de son époque. Il les a aussi sculptées. Louise Van Gothem (1870-1945) fut un de ses modèles. Célèbre dans le monde entier, grâce à la statue de Degas qui la représente à l'âge de neuf ans, elle fit carrière à l'Opéra où elle passa cinquante ans de sa vie. Elle y dansa de 1880 à 1908, y fut professeur jusqu'en 1933. Une fois à la retraite, elle poursuivit son enseignement dans un studio, rue du Cardinal-Lemoine.

***

Quel brouhaha ! Quel remue-ménage !

Dans la grande loge* où se bouscule une douzaine de « rats* » (j'en suis un aussi, entre nous !) ça papote, ça ragote, ça chuchote ! Et, même, ça rigole ! Suzon vient d'arriver, la tête hérissée de papillotes* ! D'habitude, elle se contente de ses baguettes de tambour. Alors… qu'est-ce qu'il lui prend, ce matin ?

Tout en enfilant nos bas ou en nouant nos

gros-grains de taille – la leçon est à 9 heures, dans dix minutes – on pouffe plus fort. La mère de Suzon qui, l'air absorbé, déroule le papier de soie des fameuses papillotes, nous lance un coup d'œil-claque.

— Ça suffit, les gamines !

Pour moi, la maman de Suzon évoque une grosse poule noire ; elle ne quitte jamais son petit poussin jaune, le cache sous son aile dès qu'il pépie un peu fort et caquette avec fureur si quelqu'un ose l'attaquer ! Du coup, sa fille tremble devant tout le monde.

Guite (qui n'a peur de personne, elle !) se plante devant cette immense femme chapeautée de noir.

— Dites ! Pourquoi elle fait « des élégances » aujourd'hui… Suzon ?

L'autre la toise.

— Si on te le demande, tu diras que tu n'en sais rien !

Guite en reste bouche ouverte. Puis, nous rejoignant autour des cases* béantes d'où on sort nos affaires à pleines mains :

— La malhonnête, dit-elle à mi-voix.

On s'esclaffe. Mais la mère de Suzon lance à la cantonade un mystérieux « Rira bien qui rira le dernier... » qui nous cloue le bec. On se regarde en chiens de faïence. Qu'est-ce qui se passe ? Il y a du louche, ce matin. En y réfléchissant, je me dis qu'il n'est pas normal que Suzon se fasse une beauté... comme ça, pour rien !

Je m'assieds par terre pour mettre mes chaussons, à côté de ma meilleure amie, Berthe-qui-sait-tout, et je souffle :

— Tu vois qu'il y ait une « visite » pendant la leçon ?

Je n'aime pas ça. Il me semble que Madame, notre professeur, n'est plus la même quand des inconnus observent son cours et « ses » petits rats. Dans ces cas-là, moi, j'ai le trac comme les soirs de figuration, sur la grande scène de l'Opéra. Et, susurrée à mon oreille, cette phrase me fait tressaillir :

— Bien sûr qu'il y a une visite... grosse maligne !

Je regarde Berthe avec stupeur. Elle a bien gagné son surnom. À force de fureter ou d'écouter aux portes, rien ne lui échappe, ici. Mon cœur se serre.

— C'est qui ?

Berthe se rengorge. Elle distille ses informations au compte-gouttes. Il faut les mériter ! Je propose à mi-voix :

— Si tu me dis, je te donne le « croquignole* » de mon goûter !

— D'accord.

Je m'impatiente :

— Alors… c'est qui ?

Elle va répondre quand une vague d'hilarité déferle dans la loge, nous éclabousse, nous engloutit. Maintenant « dépapillotée », Suzon a l'air d'une brebis pour concours agricole ! Dans ses frisottis, une faveur bleu ciel est plantée.

— Bêêê… fait Guite.

La maman poule se rue sur elle, main levée pour une calotte. Mais, se prenant les pieds dans un manche de parapluie, elle manque de s'étaler dans le fourbi de la loge. On s'enfuit toutes en désordre…

On pleure de rire.

***

Changement à vue !

En entrant dans la salle de danse, chacune adopte une mine compassée. Madame n'est pas encore là, mais si elle entrait à l'improviste... Avec elle, c'est du sérieux; la moindre entorse à la discipline... et ça chauffe! Un bonjour à l'huissier* et, la feuille de présence signée, on court à la barre sans demander notre reste. Le violoniste, M. Philippe, est déjà assis dans un angle, devant le gros œil-de-bœuf par où la clarté du jour passe et glisse en grandes traînées, sur le plancher terne; l'autre ouverture étant voilée par un rideau rouge, il y a une lumière étrange, dans la pièce, comme un éclairage de théâtre.

Tout à coup, j'ai le trac.

À ce moment, impeccable dans sa longue robe noire et armée d'une badine*, Madame entre accompagnée d'un monsieur... assez vieux – quarante-cinq ans, au moins. Il est très distingué. Vêtu comme un «milord» (c'est une expression de Berthe), il porte au creux du bras son chapeau claque et un sous-main*. Drôlement bien élevé, il s'incline dans notre direction. Et, sur un signe de Madame, nous faisons toutes la révérence.

— Monsieur Degas va assister à notre leçon, annonce-t-elle. Ne faites pas attention à lui et ne vous étonnez pas si vous le voyez dessiner.

Ils se font un sourire de connivence. Là-dessus, Suzon-le-mouton – ça va lui rester, je le parierais – ayant rejoint le troupeau en courant, Madame claque la porte au nez de sa maman.

— Ces mères d'artistes… soupire-t-elle pour M. Degas.

Il répond, l'air amusé :

— Je connais.

On dirait que mille choses terribles, ou extrêmement drôles, se cachent sous ces mots simples. Mais ce n'est pas le moment de me creuser la tête ; le violoniste vient d'attaquer les pliés : il faut travailler. M. Degas s'assoit sur une chaise, devant le miroir encore dissimulé par une tenture, pose son chapeau renversé par terre, sort des crayons de sa poche, ouvre son sous-main… et commence à griffonner. Lorsqu'il a couvert une page, il la roule et la laisse tomber dans son chapeau.

Je ne devrais pas, mais je l'épie tout en faisant la barre. Ses mains volent. C'est fascinant ! Je me dis que nous, les « rats », on va s'échapper de ces mains-là pour danser sur le papier. J'aimerais bien voir le résultat.

— Aïe !

Impossible de retenir un cri de souris ! Madame vient de me cingler les mollets avec sa badine.

— Sois un peu à ton affaire, Louison, dit-elle sèchement.

— Oui, Madame.

Je retiens mes larmes. Je n'ai pas mal… mais honte ! Je me suis fait remarquer d'une façon bête. Aussi bête, dans un sens, que la frisure de Suzon ! Et je n'ose plus regarder du côté de M. Degas. Je m'applique.

***

La barre* est finie.

On passe au milieu*. D'un geste de magicienne – sans déranger notre visiteur – Madame fait glisser la tenture le long de sa tringle de bois et dévoile le grand miroir.

C'est un moment que j'aime. On dirait qu'il y a deux mondes dans la pièce devenue immense : celui de tous les jours et celui, beaucoup plus mystérieux, qui bouge au fond de la glace. Pour moi, il est plus vrai que le vrai, parce que c'est ce monde-là qu'on offre aux spectateurs.

Comme je souris à mon reflet, je croise le regard de M. Degas. J'en pique un fard, yeux tout à coup baissés. Heureusement, Madame fait diversion en annonçant avec emphase :

— Berthe, tu es chargée d'arrosoir.

Ma meilleure amie devient le point de mire général. Radieuse (un honneur vient de lui échoir) elle empoigne l'ustensile en question, posé dans un coin, et court au-dehors le remplir au poste d'eau le plus proche, c'est-à-dire au tournant du couloir, à une espèce de fontaine. Dans la salle, il y a un tel silence qu'on entend glouglouter l'eau dans la ferraille de l'arrosoir et M. Degas tailler un crayon. Revenue, Berthe asperge consciencieusement le plancher. Un « truc » qui nous évite de glisser* !

Elle paraît absorbée par sa tâche, mais elle me frôle en disant entre ses dents :

— Il cherche un modèle… pour une statue.

J'en reste bouche ouverte. Déjà, Berthe

court remiser l'arrosoir, M. Philippe reprend sa pochette* et Madame indique les pas :

— Deux battements tendus, temps lié, première arabesque…

J'entends à peine la suite. Mes oreilles bourdonnent. Une statue ! Qu'est-ce que ce serait chouette de devenir statue ! La statue de M. Degas. Dommage qu'à cause de Suzon-le-mouton, Berthe n'ait pas eu le temps de tout me dire dans la loge. En tout cas, elle aura droit à mon « croquignole » ! Quelle perle, cette fille ! Elle aurait pu être espionne pendant la guerre de 70… si elle avait eu l'âge. Quoique… savoir que M. Degas cherche à faire une statue avec un « rat », je ne vois pas à quoi ça m'avance ! Sauf que je m'applique deux fois plus. On ne sait jamais…

Une statue.

Dire que moi, Louise-Joséphine Van Gothem, je risque de devenir une statue ! C'est joliment amusant ! Mon cœur bat comme une grosse caisse. J'ai l'impression d'être devant la roue de la loterie quand, à la fête foraine, elle tourne doucement, en oscillant à droite, à gauche, avant de s'arrêter tout à fait sur un chiffre ou une couleur.

Aujourd'hui, la roue de la chance va-t-elle s'arrêter sur mon nom?

J'aimerais bien!

***

Port de bras*, révérence.

La leçon est finie.

Une brusque tristesse me tombe dessus. J'en ai mal à l'estomac. Parce que je suis sûre, tout à coup, que je ne serai pas choisie. Paupières un peu plissées, M. Degas regarde la classe… toute la classe… une fille après l'autre… mais pas moi!

La statue, ce ne sera pas moi!

Pas moi.

Je me mordille la bouche pour ne pas pleurer. Heureusement, je suis perdue dans la cohue des « rats ». Personne ne s'en rend compte. On passe devant M. Degas avec une petite révérence de politesse et on sort à la queue leu leu. Droite comme un I, notre professeur nous suit des yeux. Dans l'ombre du couloir, on aperçoit la mère-poule qui guette. J'entends déjà son « Alors? » chuchoté à Suzon-le-mouton, lorsque la voix de Madame me frappe dans le dos :

— Hé, Louison, ne pars pas si vite !

Je reste saisie. Autour de moi, je vois briller des yeux, s'ouvrir des bouches ahuries. Berthe me pousse dans le dos.

— Vas-y !

Soudain, j'ai l'impression que mes jambes pèsent des tonnes. Je n'arriverai jamais devant M. Degas. Mais je fais l'effort surhumain d'avancer vers lui, de sourire…

Il me tend la main.

La statue…

Ce sera moi.

8. Un Marseillais chez le tsar

1890

« En chacun de nous, la part la meilleure et la plus importante est ce qui demeure de notre enfance. »

George Balanchine (1904-1983)*

* *Conversations avec George Balanchine*, Salomon Volkov, Éditions de l'Arche.

Marius Petipa (1818-1910), ce danseur et chorégraphe marseillais qui a sillonné l'Europe va créer la fameuse « école russe » en se fixant définitivement à Saint-Pétersbourg en 1847. Pour accompagner ses ballets – que l'on danse encore aujourd'hui – il fait appel à Piotr Ilitch Tchaïkovski, un des plus grands musiciens de son temps. Tandis que le ballet français aux alentours de 1830 amorce un lent déclin, qui deviendra évident vers 1870, la danse russe va prendre la première place.*

Au début du XXe siècle, une des étoiles de cette école russe, Anna Pavlova, incarnera l'image même de la ballerine. Pavlova est encore, à l'heure actuelle, synonyme de perfection chorégraphique. Mais, au départ, elle n'était qu'une petite fille pauvre…*

***

Saint-Pétersbourg
2 janvier 1890
3 heures de l'après-midi
Palais du colonel-comte V…

Un nœud de satin rouge hérissé comme une

crête dans ses cheveux blonds, Sonia Vladimirovna V… jette un coup d'œil torve à Mlle Amélie, le professeur de piano – une Française – assise à côté d'elle face au clavier.

— On se demande à quoi ça sert, grogne-t-elle en désignant la partition.

La vieille fille tâche de sourire.

— À douze ans, peut-être n'en avez-vous pas idée, mais plus tard…

— Plus tard… quoi ?

Sonia connaît par cœur le programme de « plus tard », mais elle aime bien titiller Mlle Amélie et retarder ainsi le début de son pensum.

— Voyons, Sonia ! s'écrie cette dernière, une jeune fille de la bonne société doit jouer du piano en public, chanter et savoir danser. Vous avez beaucoup de chance que vos parents…

Haussement d'épaules de l'intéressée.

— De la chance ? Je déteste la musique.

Foudroyée par ce sacrilège, Mlle Amélie réussit pourtant à balbutier avec effort :

— Vous l'aimerez un jour, j'en fais le pari.

— Jamais.

Et Sonia tape des deux mains sur les touches, comme si elle se décidait enfin à les fracasser.

« Infernale… » pense Mlle Amélie, les tympans meurtris.

La comtesse V… devrait comprendre que sa fille n'est pas douée pour jouer du piano, même si cela « se fait » chez les gens chic !

***

Au Théâtre Marie*

La comtesse V…, s'est glissée dans la salle du Théâtre Marie où l'on fignole les derniers détails pour la générale de ce soir.

Elle aime cette ambiance de répétition. La salle bleu et or plongée dans l'ombre, les danseuses, encore enveloppées de châles, en désordre sur la scène, les cintres d'où descend, tout de guingois, un château fort et l'espèce de cri des violons qu'on accorde. Elle se faufile dans les coulisses. Elle en a le droit. Elle a tous les droits. Elle est proche de la famille du tsar. Un vieillard au visage fin, très élégant encore dans un frac noir, débouche de l'escalier des loges et s'incline devant elle.

— Mes hommages, madame la comtesse.

C'est Marius Petipa. Le grand Marius Petipa ! Une institution. Nomade comme tous les danseurs, ce Marseillais – après un duel qui l'a obligé à fuir Madrid où il avait été engagé – est arrivé à Pétersbourg le 20 mai 1847, à vingt-cinq ans. Cela fait donc quarante-trois ans qu'il est ici. Il n'en a plus bougé. Il a même épousé une danseuse russe et il est devenu, dès 1859, maître de ballet au Théâtre Marie, dont il est un rouage essentiel… bien qu'il n'ait jamais réussi à bien parler russe. Qu'importe ? La bonne société ne s'exprime qu'en français.

Dans cette langue, la comtesse lui roucoule quelques politesses, qu'il écoute, distrait.

— Excusez-moi, finit-il par placer, mais j'ai ma « Belle au bois dormant » sur le feu, il faut que je voie où en est la cuisson !

La comtesse pouffe de rire. Sont-ils pittoresques, ces Marseillais !

— Je vous en prie, Marius Ivanovitch, faites ! Moi, je me mets dans un petit coin.

Ce soir, à la générale, elle pourra dire : « J'ai

entendu ceci… ou cela.» Tout le monde s'ébahira qu'elle en sache autant. Au fond, elle aurait rêvé de danser… elle se contente de valser aux bals de la Cour. Quelquefois, elle envie ces ballerines qui, chaque soir, entrent tout éveillées dans les rêves. La comtesse, elle, en grappille des petits bouts, mais elle ne fait jamais le rêve en entier. Elle ne le fera jamais, parce qu'elle ne sera jamais l'étoile d'un ballet. Cette pensée l'attriste un peu.

«Je devrais pousser Sonia vers la danse…» se dit-elle, pelotonnée entre un rideau et une potiche.

Artistes qui pépient sans relâche et machinistes transportant des éléments de décor vont et viennent sans la regarder. Elle réfléchit.

«Sonia pourrait entrer à l'École impériale de danse…»

Une adresse prestigieuse! Ouverte en 1738 par l'impératrice Anna Ivanovna, elle est presque aussi ancienne que l'école de l'Opéra de Paris. Réservée autrefois aux enfants de milieu modeste, on y trouve maintenant quelques filles de la bourgeoisie, mais pas encore de la noblesse. Pourtant, le regard vague, la comtesse imagine Sonia dans le tutu court – il s'arrête aux genoux – récemment inventé par Virginia Zucchi.

L'image a du mal à prendre.

Sonia, ce cheval échappé, en tutu ? À vrai dire, ce n'est pas très plausible.

— Quelle malchance, cette enfant… se plaint-elle.

C'est tout son père, hélas ! Aucune sensibilité artistique… ce qui est rare, chez les Russes. D'un geste machinal, la comtesse tapote avec un minuscule mouchoir à son chiffre le coin de ses paupières, séchant ainsi quelques larmes imaginaires.

Mais (audible malgré les coups de marteau, les aboiements du régisseur ou la voix de Marius Petipa qui apostrophe l'orchestre) ces chuchotis lui parviennent :

— Malade…

— Elle est malade…

— Qui ?

— Marie Petipa.

C'est la fille du Maître, et une de ses danseuses préférées ! Souffrante le jour de la générale. Quelle catastrophe !

— Elle veut se rendre intéressante… ou quoi ?

— Tu verras qu'elle sera fraîche comme une rose, ce soir.

— Pendant qu'on se sera crevées à répéter !

La comtesse frémit : voilà une nouvelle amusante… ou terrible – ce qui revient au même ! Qui remplacera la fille de Petipa ? Les paris sont ouverts. À ce moment, éclate la musique de Tchaïkovski ; si profonde, si fluide, que chacun se tait. En scène, Petipa fait travailler Carlotta Brianza. La comtesse se glisse entre deux portants, tend le cou vers la lumière.

— Un « tanagra »… murmure-t-elle, en observant la ballerine.

Venue de Milan où elle était l'élève du célèbre Carlo Blasis, cette brune délicate a fait le voyage jusqu'à Pétersbourg pour devenir la princesse Aurore…

***

En entendant sa musique, Piotr Ilitch Tchaïkovski a envie de pleurer. Alors, il se dissimule au fond de la salle d'où, silencieux, il suit la répétition. Il a l'impression d'être redevenu un gamin de cinq ans, alors qu'il en a cinquante !

— Je ne suis qu'un « *vieux bébé pleureur** »...

Il s'est donné à lui-même ce titre. Il voudrait en sourire, mais il essuie déjà sa première larme. Sa musique est trop belle !

Et il se met à pleurer. Pour de bon. Comme s'il avait besoin, aussi, de se laver d'une effrayante fatigue : il a écrit la partition de *La Belle au bois dormant* en quarante-cinq jours, en suivant à la lettre les indications de Marius Petipa qui lui a remis un découpage technique du livret.

« *Aurore aperçoit la vieille qui frappe, avec ses aiguilles, une mesure à 2/4. Progressivement, passer à une valse très chantante à 3/4. Pause...* »*

Mais, échappant à ce corset de contraintes, sa musique a jailli pareille à une source, ou à ses larmes. Maintenant, elle porte la princesse Aurore, l'accompagne et l'emporte. Elle est comme une caresse du cœur...

Se levant soudain, Tchaïkovski fuit la salle, traverse le vestibule désert en enfilant machinalement sa pelisse, et sort. Il suffoque.

Dehors, tout baigne dans une lumière lunaire : la neige recouvre l'esplanade. Presque blanc, le ciel bas est strié par les tortillons de fumée qui s'envolent des kiosques en métal ; disséminés ici et là, les cochers s'y mettent au chaud, en attendant. Quelques voitures passent. Dans la neige, les sabots des chevaux crissent à peine. Plus bas, des traîneaux glissent le long du canal.

Enfonçant son chapeau jusqu'aux yeux, il s'en va à grands pas. Pourvu que le tsar aime sa musique, ce soir ! Sur ses joues, le froid gèle ses larmes en pierres scintillantes.

Et quelques flocons commencent à tomber, paresseusement.

***

Chez la mère d'Anna.
Un modeste logement.

Anna se hisse sur la pointe des pieds. À huit ans, elle n'est pas très haute. Mais elle adore regarder la danse des flocons, derrière le double vitrage de la fenêtre. On dirait des papillons. Comme ceux qui, en été, zigzaguent au-dessus des herbes chez sa grand-mère, à Ligovo. Le jour où le cousin en a écrasé un, elle a hurlé…

Elle aime tout ce qui vole. Elle tourne le dos à la fenêtre et, bougeant les mains dans la faible lumière de la veilleuse (qui, devant l'icône, tremblote dans son verre rouge), elle les fait danser en ombres sur le mur. Là, c'est une libellule… Là, un cygne…

«Bientôt Noël», pense Anna.

***

Palais du colonel-comte V…
5 heures de l'après-midi.

Le valet de pied se précipite pour lui ouvrir, sa femme de chambre accourt pour la débarrasser de ses zibelines (toque, manteau, manchon).

— J'ai un besoin urgent de thé brûlant, soupire la comtesse V… J'arrive du Théâtre Marie, je suis brisée d'émotion… Cette « Belle » sera une merveille et…

Le bichon maltais de Sonia déboule en aboyant comme un fou, un bonnet de poupée enfoncé sur les yeux. Mme la comtesse risque le coup de dent et l'en délivre.

— Sonia ne sait qu'inventer, gémit-elle.

La femme de chambre baisse la tête, puis « rapporte » tout bas :

— Elle a aussi cassé son piano. Mlle Amélie est en train de pleurer dans la bibliothèque.

— Quelle sotte, cette Française ! Elle est incapable de la tenir ! Mais moi, je vais sévir : cette idiote est renvoyée ! Quant à ma fille…

La comtesse se dirige à pas furieux vers l'escalier, en appelant :

— Sonia !

***

Chez la mère d'Anna.

Maman entre dans la chambre, jette son châle tout piqueté de gouttes de neige sur le dossier de l'unique chaise, et elle prend Anna dans ses bras.

— Demain[1], ma petite *Nura*… demain…

— C'est Noël ?

1. En raison d'un calendrier différent, la fête de Noël russe est postérieure à celle d'Occident.

— Presque.

Maman lui caresse la joue. Ses mains sont un peu rêches ; elle est blanchisseuse. Sous cette caresse, Anna ferme à demi les paupières et sa beauté frappe sa mère en plein cœur. Très brune, mais la peau d'une blancheur de porcelaine, elle a les yeux *« brun foncé, de la couleur des cerises mûres »*.* Un père paysan – décédé, hélas –, une mère trimant dur et, elle… on dirait une princesse de naissance, ou bien qu'elle arrive du monde mystérieux des contes ! Lorsqu'elle la regarde, Maman devine que sa fille n'aura pas la vie de tout le monde. Et, entre deux baisers :

— Demain après-midi, je t'emmène au théâtre, ma colombe ! s'écrie-t-elle.

— Au… théâtre ?

— Oui. La comtesse V… m'a offert des billets de faveur. Ils étaient réservés aux petites amies de Sonia, mais…

Anna fronce les sourcils.

— La méchante Sonia qui m'a griffée ?

— Oui.

— … La comtesse l'a punie !

Maman éclate de rire.

***

3 janvier 1890
Au Théâtre Marie, dans l'après-midi.

Très gentil !

Ces deux mots courent dans les couloirs du Théâtre, grimpent les escaliers, se faufilent dans les loges…

Très gentil.

Marius Petipa est ulcéré, Piotr Ilitch Tchaïkovski effondré, Ivan Vsevolojski, directeur des théâtres impériaux – qui s'est amusé à dessiner les costumes – est vexé et les danseurs sont démoralisés.

Voilà comment a été reçue leur féerie !

Ils attendaient un enthousiasme mérité et, hier, après la générale, sa Majesté le tsar Alexandre III a dit du bout des lèvres : « *Très gentil !…* », autant dire, nul ! Si le public suit cet oracle, la « Belle » sera promptement oubliée. Tant d'efforts, de talent, de passion même, rayés par cette locution imbécile : *Très gentil !*

C'est désespérant. Alexandre III ne doit pas aimer les contes de Perrault.

Et chacun ressasse l'inquiétante question : le public, lui, aimera-t-il ?

***

Sur le ciel d'hiver, le théâtre illuminé lui paraît énorme. En ricochant sur la neige, ses lumières font bouger des ombres fantasmagoriques. Les yeux écarquillés, Anna serre très fort la main de sa mère qui s'arrête, une seconde, et lui chuchote à l'oreille :

— *Maintenant, ma petite Nura, tu arrives au pays des fées…**

Elle franchit le seuil en retenant son souffle. Que c'est beau, ici ! Marbre, colonnes, dorures… c'est le palais où elle aimerait vivre ! Après avoir laissé leurs affaires au vestiaire, elles montent les escaliers. Devant l'entrée d'une loge fermée, elles voient deux sentinelles en cuirasse de fer qui montent la garde, le sabre nu.

— C'est la loge du tsar, dit tout bas Maman. Elle est gardée, même s'il n'y est pas.

Anna hoche la tête. On est bien au pays des fées ! Tout est extraordinaire, ici. Elles s'assoient à leurs places. La lumière baisse dans la salle, peu à peu. Et, bientôt, elle éclate sur scène, illuminant un merveilleux palais…

C'est le baptême de la princesse Aurore.

Toutes les fées du monde se précipitent pour lui offrir leurs dons. Tu seras belle… douce… musicienne… Voici la fée des Lilas, celle de la Vigne d'or, la fée de la Fontaine de cristal, puis la fée des Clairières, et la fée des Oiseaux chantants…

Musique et pas se mêlent, comme le ciel se mêle à l'eau, quand il s'y reflète. Et toute cette beauté coule sur Anna, la submerge. Elle est tellement secouée d'émotion que ses mains se crispent. Ses ongles s'enfoncent dans sa peau. Danser… Elle veut danser ! Un jour, je danserai, moi aussi. Je deviendrai fée… princesse… ou oiseau ! Mais les cuivres grondent, la foudre tombe ; la fée Carabosse surgit dans un char traîné par des rats…

La petite en oublie de respirer.

***

Le spectacle s'achève.

C'est le salut. Fleurs jetées sur scène, tutus somptueux font un étourdissant tourbillon de couleurs autour du couple idéal, Aurore et le Prince charmant. Les spectateurs acclament les artistes. En coulisses, Marius Petipa fait un sourire de connivence à Piotr Ilitch Tchaïkovski, en disant :

— Voilà ce qu'on appelle le suffrage universel. Le public n'a pas le même goût que le tsar, visiblement.

— Dieu vous entende.

— Il nous a entendus, répond le vieux maître. Vous et moi, nous avons réussi un chef-d'œuvre.

Tandis que tombe et se relève le rideau sur des saluts à n'en plus finir, il ajoute tout bas :

— On dansera encore notre «Belle» dans cent ans… vous verrez !

Tchaïkovski se met à rire, mais il a des larmes dans les yeux.

***

Écrasée sur son siège, Anna est prise à la gorge par la tristesse de ce qui finit. Elle voudrait retourner en arrière… quand la fée des Lilas, d'un coup de baguette magique, invente la forêt enchantée, ou que le Prince charmant délivre Aurore du sortilège ou, encore, à l'apparition de l'Oiseau bleu…

— *Nura*, il faut partir.

Il faut toujours partir du pays des fées.

Mais (Anna se le jure tout bas) un jour, elle y reviendra et elle y restera… toute sa vie!

Au vestiaire, elles reprennent manteaux, châles, bonnets et remettent leurs caoutchoucs. Puis, elles s'enfoncent dans le brouhaha des sorties de théâtre. Une fois dehors (et la nuit est tombée, noire et blanche, trouée de lumières), la petite échappe à sa mère, essayant un pas ou deux, les bras arrondis, comme une ballerine.

Des gens s'en amusent, ignorant qu'ils voient danser, pour la première fois, Anna Pavlova…

9. Le spectre de la rose ou Comment j'ai vu danser Nijinski

MONTE-CARLO, 19 AVRIL 1911

« La grâce vient de Dieu ; le reste s'acquiert par l'étude. »

Vaslav Nijinski (1890-1950)*

« (…) Lui seul eut cette dure et brutale légèreté qui tenait du fauve et de l'oiseau affolé (…) »

Anna de Noailles (1876-1933)

Le 18 mai 1909 reste une date historique dans l'histoire de la danse. C'est celle de la première représentation des Ballets russes, au théâtre du Châtelet. Dirigée par Serge de Diaghilev, cette compagnie venue de Saint-Pétersbourg provoque un véritable choc sur les spectateurs. Musique, costumes et formes nouvelles…, ce répertoire résolument moderne va révolutionner la danse.*

En 1911, Diaghilev fait de Vaslav Nijinski l'étoile de sa troupe, en lui offrant le rôle-titre du* Spectre de la rose. *La musique est l'*Invitation à la valse *de Carl Maria von Weber* et la chorégraphie de Fokine*. Ce ballet est créé le 19 avril au théâtre de Monte-Carlo, à Monaco. La partenaire de Nijinski est Tamara Karsavina*.*

Mais, ce soir-là, il n'y eut pas que les grands de ce monde à applaudir le prodigieux danseur…

***

J'adore son nom.

On dirait celui d'une fleur, d'un papillon ou d'une variété de libellule…

Graziella.

Son nom voltige autour de moi. Du matin au soir. Quand je suis sur la mer, il a l'air de courir avec les vagues, si je remonte les filets, il scintille parmi les poissons et, au retour de la pêche, le sable de la plage où je traîne la barque au sec le chuchote en un long soupir : « Graziella… »

Mon père, se tapant le front ou les bras levés au ciel, a pris l'habitude de grommeler :

— Il devient fada, Ernestou !

Si fada veut dire la même chose qu'amoureux, oui, je suis fada ! Depuis qu'au marché j'ai donné du poisson gratis à la maman de Graziella, mon père ajoute régulièrement :

— Être aussi fada à dix-sept ans… quel malheur !

Et s'il savait que dès que j'ai une minute, je rôde près de la mercerie de ses parents, il me flanquerait une raclée. D'après lui, un homme – un vrai – ne se couvre pas de ridicule en courant derrière une pimbêche.

Pimbêche, Graziella ? Quelle idée ! Tout ça parce qu'elle fait du piano et de la danse classique, comme une demoiselle de Paris. Mon père n'y connaît rien. Il se bute et rugit :

— Ne me parle plus de CETTE Graziella !

Le regard noir, je me tais, dents serrées. Elle n'est pas « cette »... elle est MA. Un jour, je l'épouserai. Quand... comment... grâce à quel miracle ? On avisera ! Mais je la vois déjà, avec un voile de tulle et des fleurs d'oranger dans les cheveux.

Cette vision me donne tous les culots. La preuve : on a rendez-vous. J'avais préparé mon coup ; hier soir, à la fermeture, pendant qu'elle accrochait les volets extérieurs de la boutique, j'ai proposé de l'aider. C'est lourd, ces morceaux de bois ! Tout en les mettant dans leurs encoches, j'ai réussi à lui chuchoter :

— Demain, à 6 heures du soir, dans l'église...

Graziella a hoché la tête. Mais sa mère est sortie sur le seuil, l'air méfiant, et après avoir fixé le dernier volet, j'ai décampé.

Et voilà, on est demain, si je peux dire. Viendra-t-elle... ou pas ? Si c'est non, je...

Je ne sais pas ce que je ferai !

Le cœur cognant à la volée, je pousse la lourde porte de l'église, j'entre dans son ombre fraîche que parfume l'encens. La nef est vide.

Ici et là, des cierges clignotent et, assise toute droite au dernier rang, j'aperçois Graziella. Les jambes en coton, je la rejoins. Sur ses cheveux blonds, elle a posé une mantille noire. Dans cette demi-obscurité, je ne sais plus si ses yeux foncés sont marron ou bleu marine. Je ne l'ai jamais vue de si près.

Je me dis : « Être aussi belle, ça devrait être interdit ! »

Et je balbutie :

— Ça va... Graziella ?

Une fossette creuse sa joue.

— J'ai dit à ma mère que j'allais à confesse.

Moi, je n'ai eu à chercher aucun prétexte pour m'échapper de la maison. La mer est trop grosse : on ne sort pas, aujourd'hui. Mon père vitupère devant ce coup du sort... qui, pour moi, est une chance et, peut-être, un signe du ciel. Il est de mon côté : c'est évident !

J'aimerais expliquer mon impression à Graziella, mais je n'ose pas. J'ai peur qu'elle me rie au nez. Il y a un silence... qui me paraît insupportable. Il faut que je lui parle... je dois lui parler... trouver un sujet de conversation. Je murmure brusquement :

— Je veux te faire un cadeau...

— Quoi… comme cadeau?

Je bredouille :

— Un beau coquillage… ou…

Sa moue m'interrompt net. Sous les festons de la dentelle, elle a un air déçu. J'ajoute précipitamment :

— … ou ce que tu voudras!

Ses yeux s'élargissent.

— Ce que je veux?

De la tête, je réponds oui. Retourné par sa présence, je me sens capable de tout. Elle me regarde, dubitative. Je lui effleure la main.

— Tu as une idée?

Elle lâche avec un gros soupir :

— Oui.

Et, d'une traite :

— J'ai très envie d'aller voir danser Vaslav Nijinski, ce soir, au théâtre, lance-t-elle.

Je répète :

— Au théâtre?

Je n'y ai jamais mis les pieds. Mais, pour elle, j'irai sur les genoux s'il le faut, quoique… je n'ai pas un sou à moi! Comment faire pour retirer les billets? Je m'accroche à un détail pratique en interrogeant :

— Ta mère va te laisser sortir seule avec un garçon, tu crois ?

Graziella me toise.

— Je sortirai en cachette, tiens ! Je dirai que j'ai la migraine, je m'enfermerai dans ma chambre et… hop !

Elle sourit.

— La fenêtre donne derrière, sur le toit de l'appentis. De là, je saute dans le potager et toi…

J'achève :

— Je t'attends dans la ruelle pour t'emmener au théâtre.

Elle hoche la tête. Sa détermination m'éblouit et je suis presque jaloux. Ce n'est pas pour moi qu'elle fait tout ça, mais pour ce…

— Ni… quoi, déjà ?

— Vaslav Nijinski, me répond-elle avec emphase. Il est ici avec les Ballets russes de Serge de Diaghilev. Au cours de danse, on ne parle que de lui. C'est un Russe d'origine polonaise… un génie… ce soir, il danse *Le Spectre de la rose*… pour la première fois au monde !

Elle en sait des choses ! Elle pourrait parler jusqu'à demain de Vaslav Nijinski. La cloche qui sonne la demie de six heures lui coupe la parole ; Graziella se lève précipitamment.

— Je dois partir… Sors après moi, c'est plus prudent.

Après avoir fait une profonde génuflexion :

— À ce soir… alors ? chuchote-t-elle.

— J'y serai.

Elle s'en va. J'entends trottiner ses bottines sur les dalles, grincer la porte qui retombe. En regardant fixement les dorures du maître-autel, je dis tout bas :

— Mon Dieu, donnez-moi une idée.

***

La mer est mon gagne-pain, mais aussi mon amie.

Sorti de l'église, je dévale jusqu'à elle, qui se rebrousse en vagues vertes. Sa couleur quand elle est de mauvaise humeur. Je m'assois dans le sable. Et j'ai envie de pleurer. Il faut peu de chose pour rater la femme de sa vie ! Ce soir, j'irai au rendez-vous, je lui dirai que je n'ai pas de billets. Elle me méprisera. Définitivement. Ou bien je n'irai pas… et elle ne me regardera plus. Du tout.

Dans les deux cas, je suis fichu.

Je murmure : Graziella... Graziella... Graziella... avec l'impression que ce papillon rare est en train de m'échapper ! Mais on me dérange. Il s'agit de deux hommes qui, descendus des rochers, foulent la plage à grandes enjambées. Un jeune et un moins jeune – trente-huit à quarante ans. En costume de ville, ils sont très élégants, avec un « quelque chose » en plus, inexplicable. On voit tout de suite qu'ils ne sont pas n'importe qui. Des princes ou des artistes. Je les observe. Plutôt rond, grand, le « vieux » porte moustache, monocle et chapeau. Parce qu'ils se croient seuls face à la mer – avachi sur le sable, je dois ressembler à un tas de chiffons – ils parlent fort dans une langue bizarre. Le jeune semble très nerveux. Il marche au bord de l'eau en trempant ses bottines. L'autre s'écrie tout à coup en français :

— Ne t'inquiète pas ! Ce sera un triomphe... Vaslav !

Vaslav ? J'ai un coup au cœur. Avant même de le formuler, j'ai compris que ce jeune homme est Vaslav Nijinski, l'idole de Graziella ! La gorge sèche, je le regarde déambuler en tous sens. Je me dis que même les célébrités ont le trac… mais ce détail ne suffira pas à Graziella ! Je devrais les aborder, expliquer mon cas : la timidité me cloue dans le sable.

Qu'est-ce qu'ils en ont à faire, ces gens, d'Ernestou ? Ils ne m'ont même pas vu ! Le « vieux » fait un grand geste au jeune, qui le suit à contrecœur, et commence à remonter vers les rochers et la digue, quand un coup de vent emporte son chapeau, le fait rebondir sur la grève et le jette à la mer, où il voltige de vague en vague.

D'un bond, je suis debout, je cours, j'entre dans l'eau, je patauge jusqu'à la taille… et je rattrape le couvre-chef !

— Bravo, jeune homme ! s'écrie le « vieux », quand je le lui rapporte.

Il prend du bout des doigts son galurin dégoulinant. En fait, mon beau geste était inutile. À peine rentré chez lui – à l'hôtel ou au théâtre – il va le jeter à la poubelle. Pour l'instant, il le tend au « Vaslav de Graziella » pour fouiller dans sa poche. Je frémis.

— Pas de pourboire, monsieur.

Décontenancé, il balbutie une vague excuse, que j'interromps d'un brusque :

— Mais donnez-moi deux places pour le spectacle de ce soir !

Le danseur éclate de rire et le « vieux » – c'est drôle, dans ses cheveux très noirs, il y a une mèche blanche – me regarde avec surprise, derrière son monocle. Je n'ai pas franchement l'allure d'un balletomane. Surtout après mon demi-bain !

— Tout est loué, me répond-il. Cependant…

Il me tend une carte.

— Allez au contrôle de ma part et… tentez votre chance !

Ils s'en vont. Je lis le bristol à mi-voix :

— *Serge de Diaghilev…*

***

On est assis tout en haut, au poulailler.

La nuit s'est faite dans la salle. Et la lumière a éclaté en scène, avec la musique. C'est magnifique ! Tout est magnifique ! Nous deux aussi. J'ai mis mon costume de Pâques et Graziella ressemble à une image qui sentirait la violette. C'est le plus beau soir de ma vie. J'ai eu du toupet. J'ai su m'en tirer. J'ai décroché mes billets de faveur.

Je suis le seigneur du château !

Graziella s'appuie un peu – à peine – contre mon bras.

Son attitude a changé. Elle me regarde autrement. Je sais qu'entre nous, c'est le début de… tout ! Mais, pour l'instant, elle braque ses jumelles de théâtre vers la scène. Le décor représente une grande chambre aux fenêtres ouvertes, où entre une ravissante jeune fille brune en bonnet tuyauté et en jupe longue. Elle revient du bal. Elle respire la rose qu'un cavalier lui a offerte…

Elle danse tout cela. Elle danse comme on respire.

— C'est Tamara Karsavina, me souffle Graziella.

Je commence à comprendre pourquoi elle aime tant la danse. Pour elle, ce doit être comme le jour se levant sur la mer pour moi. Elle repose les jumelles. Tout doucement, je lui prends la main. Elle me laisse faire. Sur scène, Tamara Karsavina s'endort dans un grand fauteuil…

Et un être extraordinaire bondit en scène.

On a tous le souffle coupé. Il ne saute pas : il vole ! Couvert de roses des pieds à la tête, il ressemble à un génie de conte de fées. Graziella me plante les ongles dans la peau.

— Nijinski… dit-elle, la voix étranglée.

J'ai du mal à croire qu'il s'agit du même garçon qui mouillait ses bottines dans le ressac ! Mais c'est bien lui, pourtant. Il semble absorber toute la lumière des projecteurs et l'irradier autour de lui.

Le Spectre de la rose…

Il entraîne la jeune fille endormie dans un rêve délicieux.

Elle ploie, elle tourne, elle s'alanguit entre ses bras. Oubliant de se servir des jumelles, Graziella les boit des yeux. Moi, je la regarde… regarder ! Tout à coup, j'ai l'impression de la connaître mieux. Et de l'aimer plus. J'ai envie de l'embrasser.

Mais les rêves sont courts…

Le génie-rose ramène la jeune fille à son grand fauteuil, et il disparaît. Une tempête d'applaudissements secoue la salle. Dans ce fracas triomphal, on n'entend plus la musique. Karsavina se réveille ; la rose est à ses pieds. Songeuse, elle la ramasse…

Graziella se tourne vers moi.

— Merci, dit-elle tout bas.

Et elle pique un baiser sur ma joue.

Je n'ai pas le temps de le lui rendre : c'est le salut. Au poulailler, on scande :

— Ni-jin-ski…

Moi, je suis tout chaviré. Mais pas à cause du Spectre. Pour cacher mon trouble, je me mets à applaudir à pleins bras. Dans un rond de lumière, le danseur apparaît. Hors du justaucorps de pétales, ses bras luisent de sueur et, sous son béguin rose, ses yeux ont un éclat mystérieux.

Alors, brusquement, j'ai l'impression d'être transporté dans très très longtemps. Un jour – et je serai bien vieux – je dirai à mes petits-enfants :

— Vous savez, moi, j'ai vu danser Nijinski…

Graziella – si jolie avec ses cheveux blancs – sourira.

— Tu te souviens, Ernestou ? dira-t-elle. C'était le premier soir où tu m'as dit « Je t'aime… ».

Et j'applaudis comme un fou !

10. Les baladins de la liberté

1922-23

«(...) La danse n'est en somme que la poésie de l'action humaine.»

Préface de Pensées sur la danse *de Serge Lifar, Paris, 1947, Paul Valéry (1871-1945).*

Il fallait finir par leur aventure.

Tous les deux étaient russes. Tous les deux étaient beaux comme des chevaux sauvages. Ils ont eu tous les deux un talent fou et, après avoir quitté leur pays de façon rocambolesque, ils finirent par jouer un grand rôle à l'Opéra de Paris.

L'un s'appelait Serge Lifar, l'autre Rudolf Noureïev.

La Grande Guerre (1914-1918) n'est pas encore terminée lorsqu'en 1917 éclate la révolution russe. L'ancien régime est balayé. Des années très difficiles vont suivre. En 1922, à Kiev, en Ukraine, malgré le climat de terreur qui y règne, un jeune homme de dix-sept ans rêve de danse. Il s'appelle Serge Lifar. Son but : fuir le pays pour rejoindre à Paris les Ballets russes de Diaghilev.*

Y parviendra-t-il ?

***

Serge Lifar
1922-1923

Quelque part en Russie
3 décembre 1922

Dans la nuit, les chevaux galopent à travers la campagne déserte en soulevant une poussière de neige. Serré au fond du traîneau, entre le guide et Unger, un camarade danseur, Serge Lifar a le cœur qui bat trop fort.

S'il rate, cette fois-ci, il est fichu !

Pire que cela : s'il rate pour la deuxième fois son évasion d'URSS, il est mort ! Depuis la révolution d'octobre 1917 qui a instauré, à Kiev (sa ville natale), un « ordre nouveau », tout se rapporte, se chuchote, se propage ou s'épie.

Et Sereja sait qu'il est dans la ligne de mire.

Il a tout pour déplaire, ici. Il vient d'une famille plutôt riche, il a reçu une éducation de prince charmant et, à dix-huit ans, il a préféré abandonner l'armée pour la danse…

Danser.

Il ne pense qu'à ça.

Mais ce rêve fou, ce rêve immense – et peut-être déraisonnable ? –, il ne pourra le réaliser qu'en Occident. À Paris. Les meilleurs éléments ont fui la Russie. Il veut se joindre à eux. Contre vents et marées. Et malgré l'opinion de son premier professeur, Bronislava Nijinska*, la sœur du grand Vaslav, qui l'a catalogué ainsi : Lifar = bossu.

Autrement dit : inutile d'insister! Évincé de son cours, Sereja a appris la danse tout seul, avec un piano, un accompagnateur et un miroir. Quinze mois d'efforts surhumains. C'est ce maigre bagage chorégraphique qu'il emporte maintenant, avec, contre sa poitrine, l'icône donnée par sa mère et, au cœur, les bénédictions de la belle Marina qu'il aime, mais qu'il quitte à jamais. Parce qu'il veut danser.

Ayant appris que Diaghilev cherche des artistes pour les Ballets russes, il a tenté le grand saut ! Pile ou face ! La victoire… ou la mort.

Après avoir déjoué tous les contrôles de police, il est allé en train jusqu'à une petite ville, située à quelques verstes* de la frontière polonaise. Là, il a retrouvé Unger. Et maintenant…

— Attention !

Le cocher se retourne vers les fugitifs.

— Une patrouille au carrefour ! crie-t-il.

Sa voix (« Vite ! ») va frapper le traîneau qui les suit, emportant cinq autres émigrants. Les fouets claquent sur l'échine des chevaux. La neige jaillit sous leurs sabots. Ils ne galopent plus, ils volent…

Les soldats, affolés par ces attelages d'enfer, reculent ; l'un d'eux lève bien haut sa lampe tempête. Sereja voit ses yeux hagards, dans le rond de lumière. Les traîneaux passent. Lorsque les soldats se décident à tirer, ils sont loin.

Le but est une forêt de sapins.

En l'atteignant, le cocher fait ralentir les chevaux ; ils s'enfoncent au pas dans le sous-bois. Les lames des traîneaux crissent sur la neige. Et la lune se lève, éclairant le chemin de sa clarté surnaturelle.

Sereja pourrait crier de bonheur.

Le guide leur indique la rivière gelée qui luit entre les arbres.

— Sur l'autre rive, c'est la Pologne.

— On y est presque, alors ?

— Pas encore.

Ils évacuent les traîneaux, qui font demi-tour et disparaissent dans la nuit. Les fugitifs sont seuls dans la forêt avec le guide.

— Attention, dit-il, c'est truffé de soldats.

Ils continuent à pied; puis à plat ventre. Ils rampent. La neige brûle les joues de Sereja, s'accroche à ses cils. Lorsque les patrouilles passent dans l'obscurité, ils s'aplatissent dans la neige, s'écrasent derrière les buissons en retenant leur souffle. Les soldats sont si proches qu'on voit briller le point rouge de leur cigarette.

La rivière, enfin !

Ils s'engagent sur la glace. Sauvés? Presque... Soudain, dans les ténèbres éclatent de brefs éclairs. On les a repérés! Ils s'élancent en avant. Un craquement cristallin... la glace a cédé! Derrière lui, Unger disparaît jusqu'à la ceinture. Sereja fait volte-face, attrape à pleins bras son camarade, l'arrache à ce piège. Les balles ricochent autour d'eux. Ils courent, ils trébuchent, ils se ruent vers l'autre rive.

Sauvés! Pour de bon.

La prochaine étape est une grange, un peu plus loin. Le rôle du guide s'arrête là. Une femme doit prendre le relais. En attendant, des paysans accueillent ces voyageurs aux abois. À bout de nerfs, Sereja ôte sa capote et fait une barre sous le regard ébahi des autres. La danse, seule, peut le calmer.

Mais pendant cet exercice, les paysans ratissent ses poches. Ils lui volent son icône. Atterré, Sereja sait qu'il vaut mieux ne pas réclamer ou protester : pour se venger, leurs « hôtes » sont capables de les dénoncer tous aux soldats. Un rire irrépressible le casse en deux, le secoue de la tête aux pieds.

C'est sa façon de pleurer.

Il ne possède plus rien de sa vie passée, maintenant. Juste ses souvenirs.

***

Ils marchent, marchent, marchent…

La femme les conduit à Rovno d'où, en principe, ils doivent prendre un train pour Varsovie. Onze heures de marche. Une éternité. Dans le froid, la neige. En crevant de faim, de fatigue et de peur.

La femme a un air chafouin. Sereja s'en méfie. Il l'a à l'œil. Et, accroupi sous la neige, apparaît le bourg de Rovno ! Sont-ils tirés d'affaire ? Pas tout à fait : ils doivent échapper, ici aussi, aux contrôles de police. Là – il l'aurait parié – leur « guide » tente de leur fausser compagnie. Sereja la rattrape, lui enfonce un mouchoir dans la bouche pour l'empêcher de crier et la force à les conduire au point de rendez-vous. Endroit louche, surnommé le « Centre conspirateur », car les émigrés clandestins s'y rejoignent, échangent informations ou faux papiers. Sereja et Unger y retrouvent le danseur Lapitzki qui a été engagé dans les Ballets russes, lui aussi.

Tout s'arrange. En route pour Varsovie ! Diaghilev doit y envoyer un mandat qui leur permettra de payer leur voyage à Paris ! Mais… comment faire cet avant-dernier trajet ? Ils n'ont pas d'argent. Alors, ils rôdent dans la gare. Frauder, monter dans un train, se cacher dans les lavabos ou le wagon frigorifique… c'est le seul moyen d'atteindre la capitale de la Pologne !

***

Bondissant entre les voies, ils courent derrière un convoi qui s'ébranle. Hors d'haleine, ils attrapent le dernier wagon, se hissent où ils peuvent : une échelle de fer. Avec l'énergie du désespoir, Sereja s'accroche aux barreaux. Il a perdu ses gants. Le métal froid lui transit les mains, les engourdit… mais il tient ! Secoués comme des pantins, glacés par un vent où se mêle l'âcre fumée de la locomotive, les danseurs vont rester cinq heures sur leur perchoir.

Et le train ralentit, traverse les premiers faubourgs de Varsovie.

— Sautons avant l'entrée en gare !

Les deux autres bondissent déjà sur le ballast, mais à cause du froid, les doigts de Sereja collent au fer. Dans un effort furieux, il réussit à se délivrer. Il a les paumes à vif. Des bouts de peau restent attachés aux barreaux. Il se jette en bas.

***

Un thé brûlant. Un peu de pain sec.

Ils ne se procurent rien de mieux et, désertant la chambre où ils ont trouvé refuge (ils s'y serrent à vingt), les trois danseurs errent dans Varsovie en attendant l'argent de Diaghilev.

Cela dure des jours et des jours.

Sereja est en loques, il a le ventre creux. Il va, ici et là, sonner chez les amis polonais de sa famille. Il est mal reçu… ou pas reçu du tout ! Pourtant, et avec quelle réticence, contre un reçu en bonne et due forme, l'un d'eux lui prête vingt francs.

— Vous avez l'air d'un mendiant… et ça fait mauvais effet chez moi. Achetez-vous un costume, mon pauvre garçon !

***

C'est dans ce costume-là que Sereja arrivera à Paris.

Penché à la fenêtre du train qui entre dans la gare du Nord, il regarde, bouleversé, ce qui va devenir le décor de sa vie. De sa vraie vie. Sa vie de danseur.

Sereja ne sait pas encore qu'il est devenu Serge Lifar.

***

Rudolf Noureïev
1961

C'est l'époque du « rideau de fer » , derrière lequel se claquemure l'URSS. Difficile d'obtenir un passeport pour en sortir lorsqu'on est un simple citoyen, et les nouvelles du monde n'y parviennent que soigneusement filtrées. Mais les artistes du Kirov* ou du Bolchoï* ont le privilège de voyager. Le ballet russe a encore une excellente réputation et des étoiles inégalables. On les applaudit partout. En ce printemps 1961, on remarque particulièrement le jeune Rudolf Noureïev et, lui, ébloui, découvre l'Occident…

Adulé par les Français, il se fait très mal voir des organisateurs soviétiques. À cette époque-là, cela suffisait pour briser une carrière.

À moins que…

***

Paris, aéroport du Bourget
16 juin 1961

Il les aperçoit tout de suite.

Dans la cohue du départ, les deux « gorilles » du KGB ont surgi parmi la foule – amis, admirateurs ou simples badauds – qui entoure ces voyageurs très particuliers : les danseurs du théâtre Kirov, de Leningrad*. Après une saison triomphale à Paris, la troupe s'embarque pour Londres. Mais le plus entouré, c'est lui, Rudolf Noureïev, un athlète blond de vingt-trois ans.

Son sourire se fige.

S'ILS sont là, c'est pour lui. Il le sait.

Paris lui est tombé dans les bras ! INADMISSIBLE ! Les artistes soviétiques ne dansent pas à l'Ouest pour se faire remarquer personnellement, mais pour le prestige de l'URSS. Rudi a oublié ce détail. Mais comment s'en serait-il souvenu ? Plus âpre que la vodka, plus pétillant que le champagne, le succès lui est monté à la tête !

À l'Opéra, dans le rôle du Prince de *La Belle au bois dormant*, un mois plus tôt, il a causé une véritable commotion. L'onde de choc s'est propagée pendant tout son séjour, au rythme de ses apparitions sur scène. Dans *Le Lac des cygnes*, *Les Ombres*, ou *Les Cosaques zaporogues*.

Ce n'est pas un danseur, dit-on, c'est un félin, un fauve... ou un sauvage Tatar! Dès qu'il apparaît sur les planches – pommettes hautes, regard fulgurant, bouche avide marquée d'une cicatrice – la salle est électrisée. Et, lorsqu'il parcourt le plateau en un prodigieux manège* de grands jetés*, c'est l'explosion!

Le public n'a qu'un cri : voilà le nouveau Nijinski !

Mais est-ce de bon augure ? Nijinski a si mal fini, pense-t-il tout à coup, enfermé chez les fous. Les deux gorilles s'avancent en jouant des coudes dans l'amical tourbillon qui le protège encore. En croisant leurs regards butés, Rudi murmure :

— *Je suis un homme mort...**

Il jette un coup d'œil traqué autour de lui.

— Qu'est-ce qui se passe? s'étonne un ami.

Il ne répond pas. Fuir en avant! Gagner la porte d'embarquement... vite! Il n'en a pas le temps. Bousculant ceux qui lui font fête – fleurs, bonbons, promesses de se revoir, baisers envoyés du bout des doigts – les deux gorilles lui bouchent le passage.

— Toi, tu restes avec nous.

Il essaie de le prendre de haut :

— Pourquoi ? Je dois aller à Londres… avec les autres.

— Non. Tu rentres « à la maison ».

Les yeux de Rudi s'agrandissent d'épouvante. Chacun des hommes l'attrape par un bras. Il y a un murmure d'étonnement du côté français, mais les Russes ont l'air indifférents. Dans un moment pareil, la solidarité peut coûter très cher.

Il est perdu. Il le sait. « Là-bas », on va lui ôter tous ses droits… et, surtout, celui de danser. Il a l'impression d'être entraîné au fond de l'eau. Il va couler. Il se débat. Dans la foule, une jeune fille a compris. À toutes jambes, elle court alerter la police de l'aéroport. Un enlèvement au Bourget ? Deux inspecteurs en civil se précipitent.

Moment de panique. Les gens s'écartent. Les sbires s'agrippent au danseur qui, soudain, se dégage d'un élan désespéré et s'échappe en un formidable grand jeté. On l'a appelé le saut de la liberté. En touchant terre, Rudi réussit à balbutier en anglais :

— *I choose freedom*.

Je choisis la liberté !

Une façon de demander l'asile politique. Une façon, aussi, de choisir la danse.

Encore et toujours.

L'étoile qu'il est devenu brillera pendant trente ans. Et plus haut et plus fort que les autres. Serge Lifar n'hésita pas à prédire :

« Je crois que pour les historiens de la danse du XXe siècle, il y aura trois époques : l'époque Nijinski, l'époque Lifar et l'époque Noureïev. »

***

Accompagnés de tous les artistes qui ont dansé au cours de ces pages, Lifar et Noureïev symbolisent l'immortalité de la danse qui, italienne, française, nordique ou russe, est tout simplement le langage universel des émotions. En dépit de ses contraintes, ou peut-être grâce à elles, la danse est aussi l'expression même de la liberté.

Tribulations d'une maison d'opéra

Où dansaient les artistes évoqués dans ce recueil ? À l'Opéra, le plus souvent. Mais ce bâtiment a plusieurs fois déménagé au cours des siècles.

***

Sous le règne de Louis XIV et la houlette de Lully, l'Académie royale de musique et de danse est d'abord installée rue de Vaugirard. En 1673, à la mort de Molière, elle est transférée au Palais-Royal, dans le théâtre où avaient officié le grand dramaturge-comédien et sa troupe.

Malgré l'état de crasse et de décrépitude dans lequel, peu à peu, sombre ce lieu, l'Opéra y loge encore en 1763 lorsqu'à la suite de l'explosion d'un poêle, pendant la semaine de Pâques, il est détruit par un incendie. En 1770, on le replace dans le nouveau et magnifique théâtre du Palais-Royal. À l'époque, quelques privilégiés se tiennent encore sur la scène pour assister au spectacle ; ils en descendent définitivement en 1772. Pendant l'été 1781, le feu ravage le nouvel opéra, qui est réinstallé au théâtre de la Porte-Saint-Martin.

Le 12 juillet 1789, le théâtre manque d'être brûlé par les révolutionnaires – qui se rabattent sur la Bastille – et, en 1793, l'Académie Royale prend le nom officiel d'Opéra national. En 1794, il est transféré rue de la Loi – actuelle rue de Richelieu – dans une superbe salle à cinq étages de loges, réquisitionnée par le Comité de salut public.

L'assassinat du duc de Berry, en 1820, poignardé à l'issue d'une représentation, condamne la salle qui est détruite en signe de deuil. Le nouveau havre de l'Opéra se trouve rue Le-Peletier, à l'emplacement de l'hôtel de Choiseul. En 1822, on y utilise pour la première fois le gaz d'éclairage. Le grand lustre (cent un becs de gaz) reste allumé pendant la représentation.

Mais, en 1860, Napoléon III décide la construction d'un opéra moderne – celui que nous connaissons sous le nom de palais Garnier, du nom de son architecte – et, comme repoussé par le sort, l'opéra Le Peletier flambe de fond en comble dans la nuit du 28 au 29 octobre 1873.

L'Opéra Garnier ne sera inauguré qu'en 1875, sous la IIIe République, après la débâcle de 70 et la chute de l'Empire.

Actuellement, avec l'inauguration de l'Opéra-Bastille en 1989, Paris compte deux « maisons d'opéra ».

Glossaire

1. Bal chez la reine

Bidet : terme péjoratif pour cheval.

Bobèche : disque adapté à un bougeoir pour empêcher les coulures de cire fondue.

Busc : lame de métal ou baleine maintenant le devant d'un corset.

Cadet : fils qui vient après l'aîné ou petit dernier. À l'époque, seul l'aîné avait le droit d'hériter des biens familiaux.

Chaconne : danse lente venue d'Espagne.

Charpie : « ancêtre » du coton hydrophile, c'est-à-dire effilage de toile usée utilisé pour panser les plaies.

Cotillon : jupon surtout porté par les paysannes.

Culottes rouges de duel : précision historique tirée de *Henri III*, de Philippe Erlanger.

Frayer avec : fréquenter.

Gaillarde : danse à trois temps, de rythme vif.

Haridelle : cheval maigre et mal conformé.

Messer Balthazar de Beaujoyeulx : maître à danser et violoniste piémontais, naturalisé français, devenu célèbre en 1581 en montant le somptueux « Ballet comique de la reine », spectacle total avec musique, danse et déclamation, pour le mariage de Marguerite de Vaudémont, sœur de la reine Louise, avec le duc de Joyeuse, favori du roi Henri III.

Passacaille : danse de cour très lente.

Passeur : personne qui conduit une barque ou un bac pour passer un cours d'eau. À l'époque, il y avait peu de ponts sur la Seine ; moyennant une somme modique, on passait donc en barque d'une rive à l'autre. La construction du Pont-Neuf a été un des grands projets d'Henri III.

Pavane : danse noble et lente.

Ronsard (Pierre de, 1524-1585) : il fut le grand poète du temps et un amoureux du ballet.

Tour (ou pirouette) : tour complet que fait le danseur avec la jambe d'appui comme pivot.

Volte : danse provençale pendant laquelle le danseur fait tourner en l'air sa cavalière.

***

2. Quand le Roi-Soleil dansait

Baler : vieux mot pour danser.

Beauchamp(s) (Pierre, 1631 ? – 1713) : (approximativement, ses dates sont mal connues) danseur et chorégraphe français.

Canon : ornement enrubanné qui s'attachait au bas de la culotte au XVIIe siècle.

Entrechat : réservé aux hommes à cette époque.

Établissement : à l'époque désigne le mariage pour une fille, ou la « situation » pour un garçon.

Fronde (La) (1648-1653) : soulèvement contre Mazarin (1602-1661), principal ministre de la régente Anne d'Autriche, pendant la minorité de Louis XIV, devenu roi à l'âge de cinq ans.

Haut-de-chausses : culotte qui allait de la ceinture aux genoux.

Lully (Jean-Baptiste, 1632-1687) : compositeur et violoniste français né à Florence. Il mourut de gangrène après s'être blessé le pied en le frappant maladroitement avec la canne qui lui servait à diriger ses musiciens.

Positions de la danse : première, seconde, troisième, quatrième et cinquième – ces positions indiquent une manière particulière de poser les pieds et les bras. La sixième position a été inventée par Serge Lifar au XXe siècle.

Pythonisse : voyante.

***

3. Une diablesse sur les planches

Bacchante : prêtresse du culte de Bacchus.

Batterie : dans la danse, croisement rapide ou choc des jambes au cours d'un saut ou d'un pas. Ce mot désigne aussi l'ensemble des sauts ou des pas battus.

Cabriole : grand pas-sauté.

Camargo (Marie-Anne de Cupis de, 1710-1770) : ballerine française d'origine mi-espagnole mi-italienne, née à Bruxelles.

Clermont (comte de) : deviendra le « protecteur » de la Camargo.

Corps de ballet : ensemble des danseurs

d'une compagnie qui ne sont pas solistes. À l'Opéra de Paris, ensemble de tous les danseurs.

Guenipe : injure d'autrefois.

Lancret (Nicolas, 1690-1743) : peintre français.

Passe-pied : danse ancienne vive et légère.

Pirouette : un tour.

Portant : montant qui soutient les décors d'un théâtre.

Prévost (Françoise, 1680-1755) : danseuse française.

***

4. L'archiduchesse et le saltimbanque

Lavallière : cravate souple nouée en deux larges boucles.

Menuet : danse à trois temps.

Mozart (Wolfgang Amadeus, 1756-1791) : compositeur autrichien et un des grands maîtres de l'opéra.

Noverre (Jean Georges, 1727-1810) : danseur et maître de ballet français, auteur des *Lettres sur la danse* (1760).

Tête à vent : expression de l'époque pour « girouette ».

Vestris (Gaétan, 1729-1808) : danseur français d'origine italienne, surnommé le « dieu de la danse », il supplanta le célèbre Dupré qui dansait encore à l'ancienne. Son fils Auguste (1760-1842) formera, après la tempête de la Révolution, les grands danseurs du XIXe siècle.

***

5. Les chaussons de la Sylphide

Bras en couronne (ou cinquième position des bras) **:** bras arrondis au-dessus de la tête et portés légèrement en avant.

Chaussons : les pointes n'étaient pas renforcés comme aujourd'hui, mais à peine fourrées d'ouate et de coton.

Développé : la jambe repliée se déploie dans la position indiquée par le professeur.

Modiste : personne qui confectionne des chapeaux de femme.

Taglioni (Marie, 1804-1884) : danseuse française née à Stockholm.

Taglioni (Philippe, 1777-1871) : danseur et chorégraphe d'origine italienne : il est l'auteur du ballet *La Sylphide* où il mit en scène sa fille Marie.

***

6. Le poète et l'étoile

Gautier (Théophile, 1811-1872) : écrivain français, populaire pour ses romans historiques et balletomane averti.

Grisi (Carlotta, 1819-1899) : grande danseuse romantique d'origine italienne, elle créa *Giselle*.

Librettiste : auteur du livret (scénario) d'une œuvre.

Toton : toupie.

***

7. Louison et M. Degas

Badine : baguette mince et flexible que l'on tient à la main.

Ballerine : d'abord titre de la soliste, ce mot est devenu synonyme de danseuse classique.

Barre : tringle de bois (ou de métal) fixée au mur ou sur des pieds ; le danseur y appuie la main pour faire les exercices d'échauffement que, par extension, on appelle également la « barre ».

Cases : petits placards où les « rats » enfermaient leurs affaires.

Croquignole : petite pâtisserie croquante à base d'amandes.

Degas (Edgar, 1834-1917) : peintre, graveur et sculpteur français.

Glisser : autrefois, on aspergeait d'eau le plancher pour éviter que les danseurs ne glissent. Maintenant, chacun frotte le bout de ses chaussons avec de la colophane, une sorte de résine solide qui s'effrite en poudre.

Huissier, ou gardien : à l'époque, un employé vérifiait la présence des enfants et leur faisait signer une feuille de présence.

Loge : sorte de vestiaire où les « rats » s'habillaient avant le cours ou le spectacle.

Milieu : deuxième partie d'une leçon de

danse qui se déroule au centre du studio, sans appui de la barre.

Papillote : bande de papier de soie sur laquelle on enroule une mèche de cheveux pour la faire boucler.

Pochette : à l'époque, petit violon à long manche de l'accompagnateur de danse. On l'appelait ainsi parce qu'il tenait dans la poche.

Port de bras : mouvements spécifiques des bras.

Rat : jeune élève de l'école de danse, à l'Opéra.

Sous-main : accessoire de bureau ou, dans ce cas précis, espèce de porte-documents.

***

8. Un Marseillais chez le tsar

Balanchine (Georges, 1904-1983) : danseur et chorégraphe d'origine russe ; naturalisé américain, il créa aux États-Unis le New York City Ballet.

Pavlova (Anna, 1881-1931) : danseuse russe créatrice de *La Mort du cygne*, sur une musique de Saint-Saëns et une chorégraphie de Fokine.

Tchaïkovski (Piotr Ilitch, 1840-1893) : chef d'orchestre et compositeur. Ses ballets sont *La Belle au bois dormant, Le Lac des cygnes,* et *Casse-Noisette.*

Théâtre Marie : salle de Saint-Pétersbourg qui s'appellera théâtre Kirov à partir de 1935, jusqu'en 1992 où il a retrouvé son nom d'origine.

Dans ce chapitre, les répliques en italiques sont historiques.

***

9. Le spectre de la rose

Diaghilev (Serge de, 1872-1929) : mécène et directeur de la troupe des ballets russes.

Fokine (Michel, 1880-1942) : danseur et chorégraphe russe, auteur de *Petrouchka* – sur une musique d'Igor Stravinski – et du *Spectre de la rose*, entre autres.

Karsavina (Tamara, 1885-1978) : étoile russe de grand talent qui épousa un diplomate anglais en 1917.

Nijinski (Vaslav, 1890-1950) : danseur et chorégraphe russe d'origine polonaise.

Weber (Carl Maria von, 1786-1826) : compositeur et chef d'orchestre allemand.

***

10. Les baladins de la liberté

Bolchoï (théâtre du) : grand théâtre de Moscou et rival direct du théâtre Kirov en ce qui concerne le ballet.

Grand jeté : saut lancé exécuté d'une jambe sur l'autre.

Leningrad : après Petrograd, le nom porté durant l'époque communiste par la ville de Saint-Pétersbourg, qui retrouva son nom originel en 1992.

Lifar (Serge, 1905-1986) : danseur et chorégraphe français d'origine russe, devenu en 1931 maître de ballet et « choréauteur » (chorégraphe-auteur) à l'Opéra de Paris, il va réveiller la danse française quelque peu assoupie depuis la fin du XIXe siècle.

Manège : parcours circulaire effectué

autour de la scène en sautant, ou en une suite de pas rapides sur pointes ou demi-pointes.

Nijinska (Bronislava, 1891-1972) : danseuse et chorégraphe russe, sœur de Vaslav Nijinski.

Noureïev (Rudoph, 1938-1993) : danseur et chorégraphe d'origine soviétique naturalisé autrichien, il travailla dans le monde entier et particulièrement en France. Il fut directeur de la danse à l'Opéra de Paris de 1983 à 1989.

Sereja : diminutif traduit ainsi par Serge Lifar lui-même dans son livre : *Du temps que j'avais faim*, aux éditions Stock.

Verste : mesure itinéraire employée en Russie à cette époque et valant 1,067 km.

Dans ce chapitre, les répliques en italiques sont historiques.

Bibliographie

L'Art du Ballet, recueil d'écrits, le Tambourinaire, 1952.

Beauté de la danse, Gilberte Cournand, Gautier-Languereau, 1977.

Dictionnaire du ballet moderne, recueil de critiques, F. Hazan, 1957.

Du ballet de cour au ballet blanc, Jean-Pierre Pastori, Gallimard, 1996.

Du temps que j'avais faim, Serge Lifar, Stock.

Histoire de la danse en Occident (tomes 1 et 2), Seuil., coll. « Solfèges ».

La Pavlova, Walford Hayden, Gallimard, 1952.

La Taglioni, Léandre Vaillat, Albin Michel, 1942.

Le Ballet de l'Opéra de Paris, Ivor Guest, Flammarion, 1974.

Le Livre de la danse, Serge Lifar, JMF, 1954.

Le Monde du ballet, Craig Dodd, Elveser, 1980.

Le Monde merveilleux de la danse, Odette Joyeux, Hachette, 1967.

Les Trois grâces du XXe *siècle,* Serge Lifar, Buchet-Chastel, 1957.

Traité de danse académique, Serge Lifar, Bordas, 1952.

Et la revue *Danser,* de 1986 à 1997.

Table des matières

Anne-Marie Pol

L'auteur explique pourquoi elle a eu envie d'écrire ce livre :

« La danse, pourquoi ?

« À cause, peut-être, d'un souvenir très lointain, le premier que j'ai d'un spectacle de ballet. C'est une danseuse en arabesque, au cœur du halo bleu d'un projecteur. Je vois encore son tutu court – bleu aussi – d'où s'élancent deux jambes parfaites, son bras tendu, son visage de profil, ponctué par la coquille d'un chignon blond, et la pointe luisante de son chausson plantée comme une flèche dans le plancher.

« Éblouie, je me dis : " Moi aussi... "

« Mais il n'y aura pas de " Moi aussi ". À huit ans et demi, après deux ou trois leçons de danse avec un prof nul qui nous met sur pointes le premier jour, j'abandonne. Il faut dire que j'ai été renversée par une voiture en revenant du dernier cours. Cet accident met un point final à des débuts chorégraphiques piteux. Je devrais oublier. Non. Ne pas danser a été le chagrin secret de mon enfance. Et dès que j'ai pu, adulte, attraper une barre, je m'y suis cramponnée ! Je ne l'ai plus lâchée.

« La danse, maintenant, me paraît le contrepoids indispensable au travail de l'écriture. Ces deux disciplines se ressemblent : elles demandent opiniâtreté et passion. Mais il y a autre chose : si les sauts et les tours effectués au cours me permettent d'échapper à l'immobilité de l'écriture, j'ai maintenant l'impression, lorsque j'écris sur la danse, d'être devenue la ballerine dont, inlassablement, je dessinais les chaussons dans les marges de mes livres de classe, quand j'étais petite. »

Du même auteur, en Castor Poche :
Le sang des étoiles, n° 396.

Frédéric Sochard

L'illustrateur de l'intérieur est né en 1966. Après des études aux Arts Décoratifs, il travaille comme infographiste, et fait de la communication d'entreprise, ce qui lui plaît beaucoup moins que ses activités parallèles de graphiste traditionnel : création d'affiches et de pochettes de CD. Depuis 1996, il s'auto-édite, et vend « ses petits bouquins » sur les marchés aux livres, de la poésie... Pour le plaisir du dessin, il s'oriente depuis deux ans environ vers l'illustration de presse ; il débute dans l'édition avec Castor Poche. Et avec tout ça, il a trouvé le temps de faire deux expositions de peinture...

Castor Poche

Des livres pour toutes les envies de lire,
envie de rire, de frissonner,
envie de partir loin
ou de se pelotonner dans un coin.

Des livres pour ceux qui dévorent.
Des livres pour ceux qui grignotent.
Des livres pour ceux qui croient ne pas aimer lire.
Des livres pour ouvrir l'appétit de lire et de grandir.

Castor Poche rassemble des textes du monde entier ; des récits qui parlent de vous mais aussi d'ailleurs, de pays lointains ou plus proches, de cultures différentes ; des romans, des récits, des témoignages, des documents écrits avec passion par des auteurs qui aiment la vie, qui défendent et respectent les différences. Des livres qui abordent les questions que vous vous posez.

Les auteurs, les illustrateurs, les traducteurs vous invitent à communiquer, à correspondre avec eux.

Castor Poche
Atelier du Père Castor
4, rue Casimir-Delavigne
75006 PARIS

Castor Poche, des livres pour toutes les envies de lire : voici une sélection de contes, légendes et récits du monde entier.

703 **12 contes de Guyane** **Junior**

par Yves-Marie Clément

Ne cherchez ni fées ni baguettes magiques dans ces contes de la Russie des tsars. Ils sont le règne des pommes rajeunissantes, de l'eau vivifiante, de la ravissante Vassilissa, du preux Ivan et surtout... de l'affreuse Baba-Yaga !

702 **7 récits des premiers trains** **Junior**

par Michel Ehret

Contrée enchantée, l'Irlande est le royaume des druides et des chevaliers, de saint Patrick et de Deirdre des deouleurs, de Cuchulainn et des vaches de Cooley. Voyage au cœur de la mythologie celte...

695 **7 contes d'Irlande** **Senior**

par Anne Pons

Contré enchantée, l'Irlande est le royaume des druides et des chevaliers, de saint Patrick et de Deirdre des douleurs, de Cuchulain et des vaches de Cooley. Voyage au cœur de la mythologie celte...

687 **14 contes de Russie** **Senior**

par Robert Giraud

Ne cherchez ni fées ni baguettes magiques dans ces contes de la Russie des tsars. Ils sont le règne des pommes rajeunissantes, de l'eau vivifiante, de la ravissante Vassilissa, du preux Ivan et surtout... de l'affreuse Baba-Yaga !

680 **16 contes de loups** **Junior**

par Brigitte Coppin

Voici seize contes, pour passer des dents de la peur à la chaude fourrure de la tendresse, pour découvrir les multiples visages du loup dans l'imaginaire du monde, à travers tous les temps.

669 **15 contes d'Amérique latine** **Junior**

par Osvaldo Torres

Véritable « invitation au voyage », ces contes sillonnent l'Amérique latine toute entière. De la Patagonie au lac Titicaca, de l'Amazonie à la Pampa, ils célèbrent un univers magique, parfois surnaturel, où les animaux et la nature règnent en maîtres...

666 **9 récits de Paris** **Senior**

par Liliane Korb et Laurence Lefèvre

Saviez-vous que les Normands avaient attaqué Paris par la Seine ? Avez-vous déjà vu le Petit Homme Rouge aux Tuileries ? La Capitale regorge d'histoires, presque toutes vraies...

665 **13 contes de l'Empire mongol** **Senior**

par Laure de Cazenove et Odile Weulersse

Dans le désert des steppes, les caravanes avancent, doucement. Malgré ce calme apparent, nombreuses sont les aventures qui se déroulent autour des troupeaux. Genghis Khan passe par là et le vent se met à souffler très fort.

664 **6 récits d'un château-fort** **Junior**

par Jacqueline Mirande

Aujourd'hui il ne reste que des ruines. De Philippe-Auguste à Napoléon III, la vie et la mort d'un château-fort. Sa construction, ses aventures, ses batailles nous sont racontées à travers les siècles.

663 21 contes d'ours **Junior**

par Michel Bournaud

On dit souvent des ours qu'ils sont féroces et mal léchés... En Russie ils sont rois ; en Norvège ils volent le soleil ; en Amérique du Nord, ils sont si familiers qu'on les dit humains... Pour frissonner et rêver.

634 La légende d'Yvain, le chevalier au lion **Senior**

par Camille Sander

Yvain, chevalier à la cour du roi Arthur, part chercher l'aventure qui le consacrera aux yeux de tous comme un brave. Un lion le suit partout, pour affronter dragon, géant et démon qui le guettent...

625 19 contes du Limousin **Junior**

par Jan Dau Melhau

Un enfant gros comme un poing dans l'estomac d'un loup, un homme qui se mesure au diable... à la découverte du folklore occitan, ses mythes, contes moraux et contes d'animaux, facéties et démesures.

618 Les douze travaux d'Hercule **Junior**

par Dominique Buisset

— Hèraklès, chez les anciens Grecs, était un des héros les plus populaires de la mythologie.

— Vous parlez d'Hercule ?

— Il s'appelait Hèraklès ! Au terme d'une vie d'épreuves....Il fut récompensé par l'apothéose.

— L'apothé-quoi ?

— Oh ! La barbe !.... Vous n'avez qu'à lire le livre vous-même !

617 **La nuit de la Saint-Sylvain** — **Junior**

par Madeleine Ley

Les canaux sont gelés, les patineurs s'en donnent à cœur joie. Dans la nuit froide, un bateau est figé dans la glace, il n'existe que pour Barbara, juste pour elle, le temps de la nuit de la Saint-Sylvain.

605 **Les aventures du chevalier Huon** — **Senior**

par François Suard

Huon de Bordeaux est condamné par Charlemagne à partir pour Babylone, loin, très loin. Il doit en rapporter la preuve de sa fidélité. Commence alors pour le beau chevalier un voyage aux confins du monde connu. Il y rencontre une fée, des créatures dangereuses, mais aussi l'amour…

588 **La légende de Mélusine** — **Senior**

par Michèle Perret

Punie pour une faute qui ressemble plutôt à une grosse bêtise d'enfant, Mélusine est une jeune fée condamnée à errer, le plus souvent sous forme de serpent, jusqu'au jour où elle rencontrera un homme qui veuille bien l'épouser et ne jamais chercher à la voir le samedi. Le jeune Raymondin, perdu et désespéré, tombe amoureux d'elle et accepte ses conditions. Mais alors que la jalousie la tenaille, saura-t-il tenir sa promesse ?

570 **Contes de Vivek l'éléphant** — **Junior**

par Partap Sharma

En Inde, l'éléphant est le symbole de la sagesse, il protège les maisons et les hommes. Vivek l'éléphant et son jeune maître, Shintu, affrontent une terrible sécheresse et doivent quitter le village pour chercher de l'eau. Ces quatre contes indiens nous révèlent un monde bien loin du nôtre et sont un hymne à la générosité, à la sagesse.

566 **9 contes de Grimm** **Junior**

par Wilhelm Grimm

Jacob Grimm

La Belle au bois dormant, le Petit Chaperon Rouge, Cendrillon… Voici une sélection de neuf contes, parmi les plus connus, recueillis par les frères Grimm.

554 **30 contes du Viêt-nam** **Junior**

par Nguyên-Xuân-Hùng

Pourquoi le tigre a-t-il des rayures ? Comment sont apparus les singes aux fesses rouges ? Savez-vous pourquoi le génie des Montagnes et le génie des Eaux sont les pires ennemis ? Les contes et légendes de ce recueil nous entraînent dans l'histoire et les traditions orales du Viêt-nam.

550 **La légende oubliée** **Junior**

par Adeline Yzac

Marie a disparu ! Elle ne laisse pour seule trace que l'anse de sa cruche brisée. Le village est bouleversé et son promis, Antonin, jure de la retrouver. Il part, guidé par les mots d'une légende oubliée qui lui revient peu à peu à la mémoire, et dont il pressent que la chute lui donnera la solution de sa quête.

545 **La légende de la ville d'Ys** **Senior**

par Charles Guyot

À Quimper règne Gradlon ; il aime sa fille, Dahut, passionnément. Dahut, belle, fière et indépendante, refuse de se soumettre à la loi de l'Église. Par amour pour elle, Gradlon construit Ys. La ville est un défi pour Corentin, évêque de Quimper, et la lutte s'engage

529 **Les fables de La Fontaine** **Junior**

par Jean de La Fontaine

Une sélection de fables savoureuses, où les animaux parlent notre langue et portent nos habits. Le plus célèbre fabuliste met en scène bon nombre de défauts des hommes avec une verve et un talent incontestables.

488 **14 contes de la forêt Barrade** **Junior**

par Thalie de Molènes

La forêt Barrade est le refuge des fées et des sorciers… Écoutons les histoires d'autrefois que les anciens racontaient à la veillée. Alors que, dehors, le drac, les lébérous, la demoiselle de Chaban se partageaient le royaume de la nuit…

192 **Dix-neuf fables du méchant loup** **Junior**

par Jean Muzi

Dix-neuf fables et contes empruntés à la littérature populaire d'Europe, d'Asie et du Moyen-Orient dans lesquels le loup est accusé des pires cruautés. Tour à tour couard, naïf, lourdaud, sot et borné, le loup tombe sans cesse dans les pièges les plus grossiers. Accablé de moqueries, ridiculisé et berné, il subit de cruels supplices.

185 **Contes d'Espagne** **Junior**

par Carmen Bravo-Villasante

Dix-sept contes tirés du trésor des récits traditionnels scrupuleusement recueillis dans les différentes régions d'Espagne. Des récits humoristiques, merveilleux et symboliques qui intriguent et réjouissent tout à la fois, et où la peur se transforme rapidement en rire…

169 **10 contes d'Afrique noire** **Junior**

par Ashley Bryan

Dix contes africains pleins de vie, déroutants et drôles où l'on voit la poule ruser avec la grenouille, le buffle et l'éléphant se prendre de querelle, un bébé grenouille et un petit serpent jouer ensemble avant de se découvrir ennemis jurés…

145 **20 contes du Niger** **Junior**

par Jean Muzi

Le Niger est l'un des plus grands fleuves d'Afrique. Voici vingt contes qui reflètent la culture des cinq pays qu'il traverse ; la Guinée, le Mali, le Niger, le Bénin et le Nigéria. Derrière la simplicité des récits, le comique des situations et l'humour des personnages se cache une profonde sagesse.

135 **17 contes d'Algérie** **Junior**

par Rabah Belamri

Dix-sept contes recueillis dans un village de Kabylie. De vrais contes, souvent drôles, parfois cruels, où la magie est omniprésente et dans lesquels la tendresse, l'humour et la dérision se font les garants de toute une tradition orale. Ces contes parleront à tous d'une culture authentique et colorée.

108 **10 histoires de diable** **Junior**

par Natalie Babbitt

Rude métier que celui du diable ! Une réputation à tenir, et la lourde charge de l'enfer, de ses pensionnaires bien souvent grincheux (c'est logique), et de son personnel qui oublie parfois d'être démoniaque. Alors le diable descend sur terre pour y tenter quelques mauvais coups… Mais il n'est pas si facile de duper les humains !

90 **Dix-neuf fables du roi lion** **Junior**

par Jean Muzi

Dix-neuf fables originaires de plusieurs continents qui nous présentent un lion peu fidèle à son image habituelle. Le roi des animaux, tour à tour peureux ou lâche, est ridiculisé ou berné par des animaux beaucoup plus faibles que lui. « La raison du plus fort n'est pas toujours la meilleure. »

85 **Bachir et les sept épreuves** **Junior**

par Pierre Bourgeat

Bachir est un jeune garçon espiègle et futé. Il ne manque pas d'idées pour répondre aux railleries des femmes de la maison. Pour leur échapper, Bachir va garder les chèvres de son père sur les plateaux de Kabylie. « Enfin un peu de calme ! » pense-t-il. Mais voilà que le Djinn, le génie de tous les génies, lui confisque ses sept chèvres et lui impose sept épreuves pour les regagner. Qui sera le plus malin, le Djinn ou Bachir ?

70 **16 contes du monde arabe** **Junior**

par Jean Muzi

Seize contes recueillis auprès de conteurs du Moyen-Orient, appartenant à la littérature orale arabe. Ils sont en quelque sorte un prolongement des contes des Mille et Une Nuits. Influencés par l'islamisme, ils mettent en scène des animaux et des hommes, dont les comportements reflètent la sagesse des peuples du désert.

59 **Dix-neuf fables de renard** **Junior**

par Jean Muzi

Dans ces fables, empruntées à la littérature populaire d'Afrique, d'Asie, ou d'Europe, Renard est toujours perfide, fin, rusé et subtil dans ses rapports avec les autres animaux. Il berne presque toujours ses voisins, mais il lui arrive parfois d'être pris à son propre piège…

Cet
ouvrage,
le sept cent
vingt-septième
de la collection
CASTOR POCHE,
a été achevé d'imprimer
sur les presses de l'imprimerie
Maury Eurolivres
Manchecourt - France
en septembre 2002

Dépôt légal: décembre 1999.
N° d'édition : 4314. Imprimé en France.
ISBN: 2-08-16-4314-6
ISSN: 0763-4497-9
Loi n° 49-956 du 16 juillet 1949
sur les publications destinées à la jeunesse